Alles über
Kanarienvögel

Heinz Schnoor

Alles über Kanarienvögel

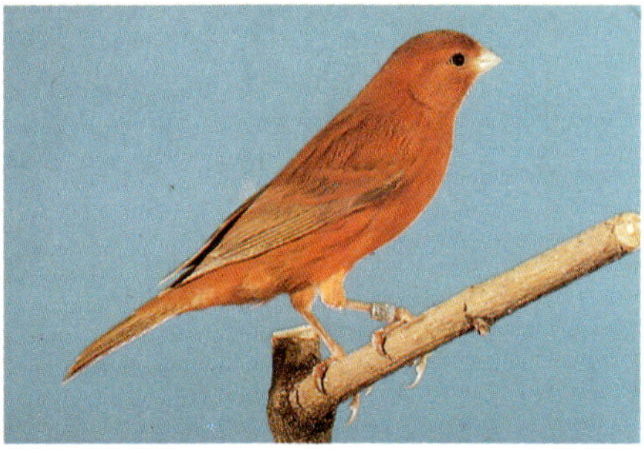
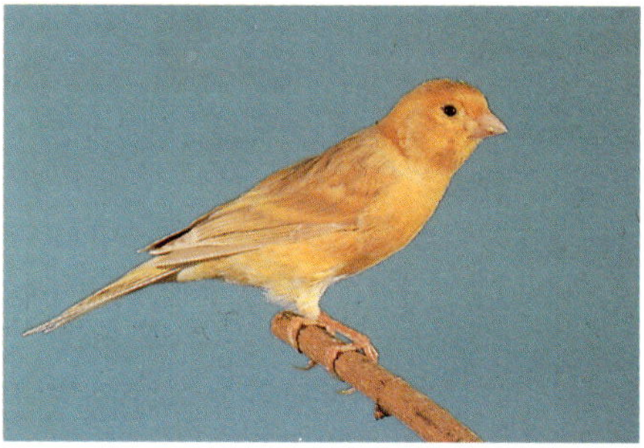
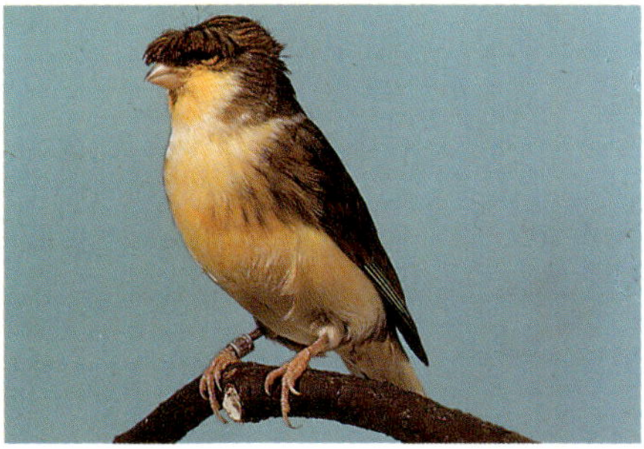
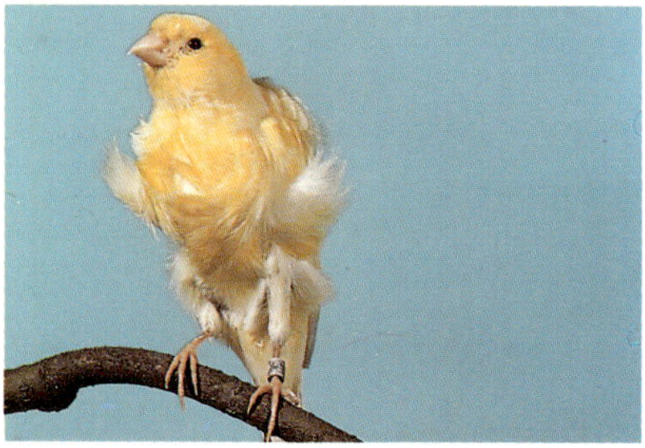

FALKEN

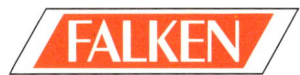

ISBN 3 8068 0901 1

© 1989/1992 by Falken-Verlag GmbH, 6272 Niedernhausen/Ts.
Titelbild: Reinhard-Tierfoto, Heiligkreuzsteinach-Eiterbach
Fotos: Horst Bielfeld, Jameln: 3 u. l. und r., 8 o., 9, 16, 19, 23, 24, 25, 30, 34, 36, 59 u., 63 o.;
Hans Claßen, Baden-Baden: 3 o. l. und r., 6, 18, 22, 58, 59 o,;
Ingeborg Polaschek, Linsengericht/Altenhaßlau: 21;
Paul Pütz, Neuss: 8 u., 11, 13, 17, 20, 27, 31, 32, 37, 43, 44, 45 o. und u., 46, 49, 52, 54;
Reinhard-Tierfoto, Heiligkreuzsteinach-Eiterbach: 1, 2, 15, 26, 38, 39, 40, 48, 55, 57, 60, 61, 62, 63 u.;
Silvestris Fotoservice, Kast/Obb.: 41 (Wothe).
Zeichnungen: Ute Kuhn, München.
Vignette: Gabriele Hampel, Kelkheim.
Die Ratschläge in diesem Buch sind vom Autor und vom Verlag sorgfältig erwogen und geprüft, dennoch kann eine Garantie nicht übernommen werden. Eine Haftung des Autors bzw. des Verlages und seiner Beauftragten für Personen-, Sach- und Vermögensschäden ist ausgeschlossen.
Satz: Main-Taunus-Satz Giebitz + Kleber GmbH, Eschborn
Druck: Zumbrink Druck GmbH, Bad Salzuflen

817 2635 4453 62

Inhaltsverzeichnis

Kleine Kanarienkunde — 6
Herkunft und Geschichte
der Kanarienvögel — 7
Vom Wildfang
zum Stubenvogel — 9
Ein bißchen Biologie — 11

**Der Kauf
eines Kanarienvogels** — 18
Was Sie vor dem Kauf
bedenken sollten — 19
Auswahlkriterien — 22
Der Heimtransport — 25

Haltung und Pflege — 26
Der Käfig
und seine Einrichtung — 27
Das richtige Futter — 31
Sauberkeit muß sein — 33
Pflegemaßnahmen — 34

**Das Leben mit dem
Kanarienvogel** — 36
Die Eingewöhnung — 37
So wird Ihr Vogel zahm — 38
Der Freiflug
und seine Gefahren — 40
Ein paar Worte zur Zucht — 42

**Wenn Vögel
krank werden** — 48
Was tun im Krankheitsfall — 49
Die häufigsten Krankheiten –
Symptome und Ursachen — 50

**Zuchtrichtungen
und Rassen** — 55
Die Gesangskanarien — 56
Die Farbenkanarien — 57
Die Gestaltkanarien — 60

Register — 64

Kleine Kanarienkunde

Herkunft und Geschichte der Kanarienvögel

Alle unsere verschiedenen Kanarienrassen lassen sich auf eine einzige Stammform zurückverfolgen, deren Vertreter wir heute noch auf den Kanarischen Inseln sehen und hören können: den Kanariengirlitz *(Serinus canaria)*. Der Wildvogel ist kleiner und zierlicher als seine domestizierten Verwandten und sein Gefieder ist auch nicht so bunt. Die grauschwarze Zeichnung im mattgrüngelben Gefieder tarnt ihn hervorragend in den Wiesen, Büschen und Bäumen seiner Heimat. Wenn im Februar, viel früher als bei uns, auf den spanischen Inseln der Frühling beginnt, stecken die Männchen dieser Girlitze ihre Reviere ab. Wie alle Singvögel benutzen sie dafür ihre Stimme. Der Gesang des Kanariengirlitz ist längst nicht so volltönend und strophenreich wie der unserer Kanarienvögel, aber die Ähnlichkeit ist nicht zu verkennen. Die 12–13 cm großen Wildvögel zählen zusammen mit unserer Nachtigall zu den begabtesten Sängern der Erde.

Der Kanariengirlitz lebt vor allem auf Teneriffa und Gran Canaria, ist aber auf Hierro, Gomera und Palma auch heute noch häufig anzutreffen. Die hügeligen Landschaften mit ihren dichten Buschwäldern, Hecken und den wiesenreichen Tälern bieten ihm einen idealen Lebensraum. Wie bei uns Spatzen und Grünfinken fallen Kanariengirlitze in den Erntemonaten schwarmweise in die Wiesen, Büsche und Obstplantagen ein. Vor allem die Jungvögel sind sehr gesellig und wanderfreudiger als die Alttiere. Sie ziehen tagelang von Park zu Park, um sich die besten Leckerbissen zu holen. Die ganzjährige Hauptnahrung der Vögel besteht aus den Samen der verschiedenen Gräser, im Sommer und Herbst nehmen sie zusätzlich Beeren und Obst und im Frühling knabbern sie gerne an Blütenknospen.

In den sehr milden Wintermonaten auf den Kanaren teilen sich die Schwärme. Paare, die ihre Jungen aufgezogen haben, bleiben in diesen Wochen in der Nähe ihrer alten Nester, damit ihr Stammplatz nicht von Rivalen besetzt wird. Die Jungvögel haben ihre erste Mauser überstanden und tragen ihr Erwachsenenfederkleid. Jetzt halten sie auch Ausschau nach geeigneten Brutplätzen, die verschiedene Anforderungen erfüllen müssen. Dazu gehört auch eine Singwarte (ein herausragender Ast in 2–3 m Höhe), von der aus der Hahn seine Revierschallgrenzen bestimmen kann, und dichtes Buschwerk in der Nähe, das sich für den Nestbau eignet.

Ab Februar werden die Hähne untereinander unverträglich. Wenn ihr Gesang, den sie vom Morgengrauen bis zum Sonnenuntergang hören lassen, nicht ausreicht, Rivalen zu vertreiben, kommt es zu Schnabelgefechten und wilden Verfolgungsflügen. Unbeirrt davon fangen die Weibchen jetzt mit dem Nestbau an. Sie flechten aus Gräsern, Moos, dünnen Zweigen, Federn und Trockenlaub

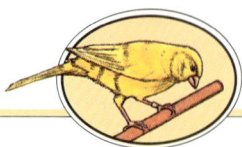

Das Weibchen des Kanariengirlitz wird durch den Gesang des Hahns zum Nestbau angeregt

ein napfförmiges Nest, in das sie drei bis fünf Eier legen. Der Hahn animiert sie zwar durch seinen Gesang, aber am Nestbau beteiligt er sich nicht. Erst wenn das Gelege vollständig ist, beginnt das Girlitzweibchen mit der Brut. Ab jetzt wird sie vom Hahn gefüttert, damit sie ihr Nest nicht zu oft verlassen muß. Die Jungen schlüpfen gleichzeitig nach 13–14 Tagen. Gefüttert werden sie überwiegend vom Weibchen, das wiederum einen Großteil der eigenen und der Aufzuchtnahrung vom Männchen erhält. Neben vegetarischer Kost brauchen Kanarienvögel während der Aufzucht ihrer Jungen auch tierisches Eiweiß. Auf dem Speiseplan stehen jetzt Blattläuse, Wanzen, Raupen und Ameisen.

Wenn die jungen Kanariengirlitze das Nest verlassen, sind sie noch etwa zehn Tage von ihren Eltern abhängig. Weil die Mutter in dieser Zeit meistens bereits mit der zweiten Brut beginnt, übernimmt der Vater das Füttern. Er lehrt die Jungen auch, selbständig zu fressen und auf Nahrungssuche zu gehen. In sehr trockenen Sommern brüten die Girlitze nur ein- bis zweimal. Wenn aber Regen die Saison verlängert, schafft es ein Elternpaar, mit drei Bruten bis zu 15 Jungtiere aufzuziehen.

Auch wenn die Jungen das Nest schon verlassen haben, werden sie noch von den Elterntieren gefüttert. Hier bringt ein Frisè-Weibchen dem Nachwuchs Futter

Vom Wildfang zum Stubenvogel

Als die Spanier 1474 mit der Eroberung der Kanarischen Inseln begannen, ist ihnen vermutlich der zauberhafte Gesang des kleinen Girlitz aufgefallen. Sie waren allerdings nicht die ersten. Beim Eindringen ins Innere der Inseln fanden die Eroberer viele dieser Vögel in den Käfigen der Einheimischen. Man weiß nicht, ob diese ersten »Kanarienvögel« schon gezüchtet oder immer wieder neu gefangen wurden. Fest steht, daß die spanischen Seeleute bei jeder Rückfahrt in die Heimat grüngelbe Girlitze mitnahmen und als wertvolle Raritäten verschenkten oder teuer verkauften. Die ersten, denen die Nachzucht in Spanien gelang, waren Mönche, die so ihren Klöstern durch den Verkauf von Jungvögeln zusätzliche Einnahmen verschafften. Weil sie nur die Hähne abgaben, erwarben sie sich ein Handelsmonopol, das sie immerhin fast 100 Jahre erhalten konnten. Während dieser Zeitspanne wurden gute Sänger für viel Geld nach Italien, Frankreich und England exportiert und erlangten dort die gleiche Beliebtheit wie in ihrer Heimat und in Spanien.

Um 1550 tauchten dann die ersten Kanarienweibchen in Italien auf. Wie es zu diesem »Monopolbruch« kam, läßt sich nicht mehr mit Sicherheit nachvollziehen. Die Geschichte liefert zwei Versionen. Nach der einen soll ein spanisches Handelsschiff auf dem Weg nach Livorno an der Küste Elbas zerschellt sein. Ein Teil der an Bord befindlichen Ka-

Durch systematische Zucht wurde aus den unscheinbaren Kanariengirlitzen prächtige Geschöpfe, die die Menschen durch ihren Gesang und ihr außergewöhnliches Federkleid faszinieren. Dieser wunderschöne Mailänder Frisè gehört zu den sogenannten Gestaltkanarien

narienhähne soll sich mit dem südeuropäischen Girlitz (*Serinus serinus*), mit dem sie eng verwandt sind, gepaart haben, nachdem sich die Vögel auf das italienische Festland gerettet hatten. Die Italiener fingen diese singbegabten Mischlingsjungvögel, züchteten sie, und so konnte sich der Kanarienvogel bald in ganz Italien ausbreiten. Wahrschein-

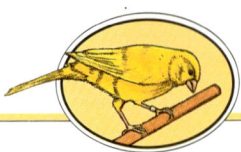

licher ist allerdings, daß bei den großen Stückzahlen immer mal wieder versehentlich ein Weibchen verkauft wurde. Äußerlich sind beim Girlitz, wie auch beim heutigen Kanarienvogel, die Geschlechter ja nur von ganz versierten Züchtern zu unterscheiden. Ein einziges Weibchen in der Hand eines erfahrenen Züchters genügte bereits, um eine eigene Kanarienzucht zu beginnen. Schließlich gibt es noch die Möglichkeit, daß einer der Züchter, gegen ein entsprechendes Honorar, Weibchen außer Landes schmuggelte.

Ende des 16. Jahrhunderts gab es auf jeden Fall außer in Spanien bereits in Italien, Frankreich, Holland und England Kanarienzüchter. Der kleine Südeuropäer hatte seinen Siegeszug in Richtung Norden angetreten und seine Karriere zum beliebtesten Stubenvogel war nicht mehr aufzuhalten.

In Frankreich, Holland und England blieb der Kanarienvogel zunächst weiter ein Luxusgegenstand. Er galt als wertvolles Geschenk für die Damen am Hof, lebte in prachtvollen goldenen Bauern und blieb für das einfache Volk unerschwinglich. Hier achtete man jetzt bei der Zucht auch mehr auf die Form und die Körperhaltung und nicht nur auf den Gesang. Die singfreudigen Luxusgeschöpfe erhielten »Frisuren« wie einen Schopf oder gelockte Federn, sie wurden größer und die Hälse bei einigen Rassen länger. Die Stimme dagegen wurde nicht sonderlich geschult, denn das melodische Trällern genügte den Edeldamen. An die Entstehung der Positur- oder Gestaltkanarien erinnern heute noch Rassenamen wie Norwich (England), Südholländer, Pariser Trompeter oder Bossu Belge.

In Italien dagegen, – und vor allem in Tirol – widmeten sich die Züchter in erster Linie der Ausbildung des Gesanges und besonderer Farben des kleinen Girlitzes. Dort wurde der anspruchslose Vogel bald das Haustier des kleinen Mannes. Die meisten Menschen arbeiteten in Tirol damals im Bergbau. Als Nebenerwerb züchteten viele Bergleute Kanarienvögel und legten dabei besonderen Wert auf den Gesang und die Farbe der Tiere. Nur die Hähne mit der ausdauerndsten und kraftvollsten Stimme wurden als Zuchthähne eingesetzt und nur mit den farbintensivsten Tieren wurde gezüchtet. Alle anderen Vögel wurden verkauft.

Als der Bergbau in Tirol immer weniger Ertrag brachte und keine weiteren Gruben mehr eröffnet wurden, zogen die Bergleute mit ihren Familien nach Norden. Dort fanden sie in den Silbergruben des Harzes neue Arbeit und damit eine neue Existenzgrundlage. Mit den Tirolern kamen auch deren Kanarienvögel nach Deutschland. Der kleine Vogel mit seinem schönen Gesang fand auch hier schnell Freunde, und seine systematische Zucht begann. Der Harzer Roller, wohl der begabteste und bekannteste aller Gesangskanarien, ist ein Ergebnis dieser Zuchtbemühungen.

Vielleicht haben die Bergleute die fröhlichen Singvögel ursprünglich mit in die Gruben genommen, um sich durch deren unermüdliches Singen die traurige Arbeit versüßen zu lassen, dabei aber

schnell gemerkt, wie viel eher die Sänger unter einer Kohlenmonoxydvergiftung leiden als wir Menschen. Plusterte sich ein Tier in seinem Bauer plötzlich auf oder fiel ein Vogel tot von der Stange, verließen die Bergleute eilig den Stollen, weil das den Austritt des hochgiftigen, aber farb- und geruchlosen Gases Kohlenmonoxyd anzeigte. So hat so mancher Kanarie durch seinen Tod viele Menschenleben gerettet. Noch bis in unsere Zeit »arbeiten« Kanarienvögel als Indikatoren für einen Giftaustritt unter Tage.

Je prächtiger die Kanarienvögel aussahen – die Harzer Roller zeigten schon damals ein leuchtendes Gelb – und je strophenreicher und sauberer der Gesang der Hähne wurde, desto beliebter wurden sie als Haustiere. Immer mehr Wohnungen schmücken sich mit einem kleinen Bauer, in dem ein besonders singbegabter, bunter oder »frisierter« Vogel sein Lied schmettert.

Die wohl bekannteste Kanarienvogelrasse ist der „Harzer Roller", der seinen Namen nach dem Zuchtgebiet und der markantesten Strophe seines Liedes erhielt

Ein bißchen Biologie

Wie alle Vögel ist der Kanarienvogel ein warmblütiges Wirbeltier, dessen Körper zum größten Teil mit Federn bedeckt ist. Er hat zwei Beine und die Vordergliedmaßen haben sich im Laufe der Entwicklungsgeschichte zu Flügeln umgebildet.

Alle Vögel müssen bestimmte körperliche Merkmale aufweisen, um fliegen zu können. Da ist einmal die stromlinienförmige Körperform und das anliegende Gefieder. Außerdem sind die Schwingen der Flügel drehbar, so daß die Fluggeschwindigkeit und -richtung gesteuert werden können. Der Vogel kann mit den Flügeln schlagen, sie ausgebreitet halten oder eng an den Körper pressen und so starten, landen oder in der Luft gleiten. Gefieder und Flügel alleine würden einen Flug allerdings noch nicht ermög-

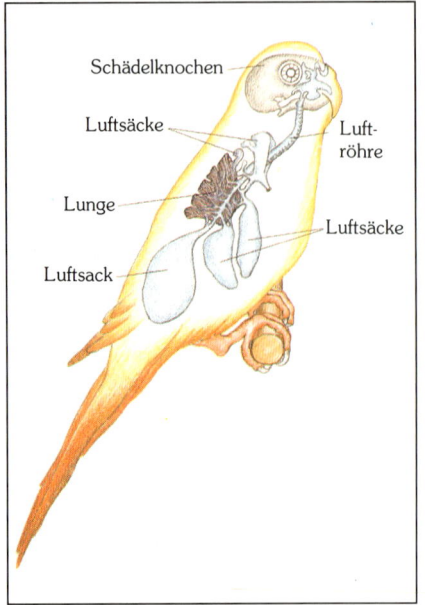

Schematische Übersicht über das Luftsacksystem der Vögel, hier am Beispiel eines Wellensittichs gezeigt

lichen. Das gesamte Vogelskelett ist zwar stabil, aber extrem leicht gebaut, denn die Knochen sind teilweise innen hohl. Von den mächtigen Lungen gehen zusätzlich Luftsäcke, dünne, hohle Schläuche ab, die zwischen Knochen und Muskeln Platz finden. Diese Luftsäcke füllen sich beim Einatmen, und der Vogel kann sich »aufpumpen«. Die große Luftmenge im Körper, die ihm Auftrieb gibt, die leichten hohlen Knochen, die Gewicht sparen, die kräftige Armmuskulatur und die Federn – das alles zusammen ermöglicht dem Vogel das Fliegen.

Wie alle Warmblüter reguliert der Kanarienvogel seine Körpertemperatur von rund 41 °C selbst, sie wird also nicht, wie bei wechselwarmen Tieren, von der Außentemperatur bestimmt. Bei Hitze sorgt die hereinströmende Luft in den Luftsäcken für Kühlung. Außerdem kann der Vogel auch durch enges Anlegen des Gefieders dafür sorgen, daß keine wärmeisolierende Luftschicht zwischen Haut und Federn mehr ist, so daß die Körperwärme abgegeben werden kann. Schwitzen kann er nicht, denn Vögel haben keine Schweißdrüsen wie wir Menschen. Vögel verdunsten Feuchtigkeit über den Schnabel, den sie bei großer Hitze geöffnet lassen – sie »hecheln«.

Gegen Kälte ist der Vogelkörper ebenfalls sehr gut gewappnet: durch das Aufplustern des Gefieders dringt viel Luft zwischen Haut und Federn, und dieses Luftkissen sorgt dafür, daß keine körpereigene Wärme nach außen abgegeben wird.

Die relativ hohe Körpertemperatur und die schnelle Herztätigkeit von Vögeln verbrauchen viel Kalorien. Rund ein Drittel des körpereigenen Gewichts muß ein Kanarienvogel täglich an Nahrung zu sich nehmen, um immer genug Energiereserven zu haben.

Bei Vögeln kann man anhand der verschiedenen Schnabelformen erkennen, auf welche Art der Nahrung sich die Art spezialisiert hat. Der Kanarienvogel, der zur Riesenfamilie der Finken zählt, hat einen stark kegelförmigen Schnabel,

der ideal zum Aufbrechen von Samenkörnern ist. Zusätzlich verfügen Kanarienvögel über kraftvolle Kiefernmuskeln und besitzen eine dehnbare Speiseröhre mit Kropf, in der die gesammelten Samenkörner gespeichert werden können. Im Muskelmagen werden die Samen dann mit Hilfe von kleinen Steinchen zerkleinert.

Im Gegensatz zu Säugern haben Vögel nur einen Ausgang für Nieren- und Darmausscheidungen, also Kot und Harn. Beide Systeme, der Darm und die Nieren, münden in die Kloake. Vögel haben keine Harnblase, was ihnen zusätzlich Gewicht beim Fliegen spart.

Die beiden Nieren filtern das Blut, führen wesentlich mehr Wasser daraus zurück als die Nieren der Säugetiere und geben einen halbfesten Urin frei. Was wir als normalerweise weißen Anteil im Kot sehen, ist der Harn. Die Kloake ist gleichzeitig auch die Geschlechtsöffnung.

Kanarienvögel haben kräftige, kurze Unterschenkel, ein sehr flexibles Laufgelenk und vier Zehen, von denen die größte nach hinten gerichtet ist. »Zweigsitzfüße« nennt man diese Zehenanordnung, weil die Zehen ideal zum Umklammern von Ästen und Zweigen geeignet sind. Bei der Umklammerung rasten Beugesehne und Sehnenscheide der Zehen ineinander, und der Kanarienvogel muß diese Verbindung erst mit Muskelkraft wieder lösen, bevor er seine Zehen strecken kann. Sitzt er entspannt, umklammern die Zehen den Ast. Deshalb fällt er auch im Schlaf nicht vom Baum – er ist »festgeklinkt«.

Wie die meisten ihrer zur großen Familie der Finken gehörenden Verwandten haben auch Kanarienvögel einen kegelförmigen Schnabel, der ideal zum Aufbrechen von Sämereien geeignet ist

Kanarienvögel laufen nicht wie wir, wenn sie sich auf dem Boden vorwärts bewegen, sondern federn sich mit dem Laufgelenk ab und hüpfen mit beiden Beinen gleichzeitig vorwärts.

Kanarienvögel besitzen, wie andere Vögel auch, in den Beinen einen sogenannten Vibrationssinn, der ihnen erlaubt, auch die minimalste Bewegung ihres in freier Natur ja meist schwankenden Sitzplatzes wahrzunehmen. Weil sie

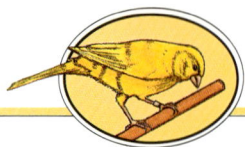

außerdem in der Lage sind, zwischen »Feind«-Bewegungen des Astes und natürlichen Bewegungen, etwa durch Wind, zu unterscheiden, dient der Vibrationssinn als Frühwarnsignal.

Wer sich so schnell wie ein Vogel fortbewegt, wer frei in der Luft schwebt, der braucht vor allen Dingen einen fantastischen Gleichgewichtssinn, wenn er nicht dauernd verunglücken will. Tatsächlich gehört der Gleichgewichtssinn mit Sitz im Innenohr zu den am besten entwickelten Sinnen der Vögel. Er befähigt den Kanarienvogel auch, kopfunter auf schwankenden dünnen Zweigen zu schaukeln, ohne Gefahr die Balance zu verlieren.

Der Gesichtssinn ist der zweite wichtige Sinn der Vögel. Sie gehören zu den »Augentieren«, wie wir Menschen auch. Den größten Teil ihrer Informationen über die Umwelt erhalten sie über die Augen. Ein Grund übrigens, warum viele Vogelmännchen so bunt und hübsch gezeichnet sind. Vögel sehen Farben, sie können auch winzige Farbnuancen unterscheiden. Durch die seitliche Anordnung der Augen am Kopf haben Kanarienvögel ein großes Gesichtsfeld. Allerdings sehen sie mit jedem Auge verschiedene Bilder, nur ein kleiner Bereich kann von beiden Augen gleichzeitig erfaßt werden. In puncto Sehschärfe sind uns Kanarienvögel – wie die meisten anderen Vögel auch – überlegen. Während der Mensch 16 Bilder in der Sekunde erfassen kann, bringt es ein Kanarienvogel auf über 100.

Weniger fein ist das Gehör der Vögel, zumindest im Vergleich zu vielen anderen Tieren. Vögel können Frequenzen zwischen 100 und 13 000 Hz wahrnehmen – eine geringe Bandbreite, wenn man an Hunde (bis 40 000 Hz) oder Meerschweinchen (bis 35 000 Hz) denkt.

Allerdings sind Kanarienvögel in der Lage, verschiedene Tonfolgen zu unterscheiden und im Gedächtnis zu speichern. Sie verfügen über ein gut ausgeprägtes Taktgefühl. Mit dessen Hilfe kann ein Kanarienhahn andere Hähne anhand ihres Gesanges unterscheiden, auch wenn er sie nie gesehen hat. Man weiß, daß Reviernachbarn sich nach wenigen Tagen aneinander gewöhnt haben. Kommt jetzt ein Fremdling in eines der beiden Reviere, der den gleichen Gesang beherrscht, sind beide eben noch friedlichen Hähne sofort wieder aggressiv. Was in unseren Ohren wie dieselbe Melodie klingt, vermögen die Kanarienvögel deutlich vom nachbarlichen und eigenen Gesang zu unterscheiden.

Der Geruchssinn dagegen ist nur sehr schwach entwickelt. Die meisten Vögel haben auch keine eigene Duftnote, die ja doch überflüssig wäre, denn sie könnten einander daran nicht erkennen.

Über angenehmes oder unangenehmes Futter entscheidet der Geschmackssinn. Kanarienvögel probieren unbekannte Nahrung, wenn sie nach »Augenschein« eßbar ist. Danach entscheiden sie, ob das Neue geeignet oder ungeeignet ist.

Der berühmte Gesang der Kanarienvögel, den ja, wenn auch nicht so vollendet, jeder wilde Kanariengirlitz beherrscht, spielt im Leben und der Fortpflanzung dieser Vögel eine entscheidende Rolle.

Kanarien haben wie alle fliegenden Tiere, einen fantastisch ausgeprägten Gleichgewichtssinn

Das Stimmorgan sitzt nicht im Kehlkopf, sondern da, wo die Luftröhre sich in die Bronchien gabelt. Die Gabelungsstelle wird Syrinx genannt. Eine hauchdünne Membran an der Syrinxinnenseite kann beim Ausatmen in Schwingungen versetzt werden, so daß Töne entstehen.

Von der körperlichen Veranlagung her könnten auch die Weibchen singen, aber es kommt nur sehr selten dazu, weshalb fast nur Kanarienhähne als Stubenvögel gehalten werden.

Kanariengirlitze in freier Natur

Die allermeisten Kanarienweibchen zwitschern nur, denn Auslöser für den ausdauernden Gesang der Hähne sind Geschlechtshormone.

Welche zentrale Bedeutung der Gesang im Geschlechtsleben dieser Vögel hat, sieht man am besten, wenn man ihren Tagesrhythmus in freier Natur über die Jahreszeiten betrachtet. Wie wir wissen, braucht der kleine Vogel sehr viel Energie, um seine Körpertemperatur zu regulieren und den Kalorienverbrauch des Fliegens und anderer Bewegungen auszugleichen. Kanarienvögel sind nachtblind und können deshalb also nur bei Tageslicht auf Futtersuche gehen.

Dieser rot intensiv gefärbte Kanarienhahn singt wie alle seine Artgenossen, um das Weibchen für Nestbau und Brutgeschäft in Stimmung zu bringen

So beginnt jeder Morgen mit einer Nahrungsaufnahme. Erst wenn die Energiereserven, die in der Nacht verbraucht wurden, wieder ersetzt sind, kann der Vogel sich der Körperpflege widmen. Dazu gehören ausgiebige Bäder, entweder im Wasser oder im Staub. Kanarienvögel sind ausgesprochene »Wasserratten«, sie baden zwei- bis dreimal täglich, wenn sie die Möglichkeit dazu haben. Das gesamte Gefieder wird durchnäßt und anschließend fliegen die Vögel auf einen erhöhten, luftigen Ansitz. Dort schütteln sie sich kräftig, so daß die schweren Tropfen aus den Federn fliegen und ziehen anschließend Feder für Feder durch den Schnabel. Auf diese Weise entfernen sie Ungeziefer, Staub, Schmutz und Fett. Auch die Füße werden mit dem Schnabel bearbeitet, die Hornschuppen vorsichtig abgeknabbert, um Milben und andere Parasiten aufzuspüren. Den Kopf bearbeiten Kanarienvögel mit einem Fuß, meist dem rechten. Mit den Zehen können sie sich auch geschickt Schmutz aus den Augenrändern holen und sich kratzen. Der Schnabel wird in der Regel an Ästen oder Steinen »gewaschen«. Die Vögel säubern ihn durch dauerndes Abstreifen. Nach der Körperpflege folgt im normalen Tagesrhythmus nochmals eine Mahlzeit. In den Mittagsstunden dösen die meisten Vögel, bevor sie nachmittags erneut auf Futtersuche gehen. Kurz vor der Dämmerung fliegen sie dann ihr Revier ab, bevor sie sich in das sichere Nest begeben.

Der Jahresrhythmus wird in erster Linie von der Tageslichtlänge bestimmt. Wenn im Januar die Tage länger werden und damit auch die Zeitspanne für die Futtersuche wächst, erwachen beim Kanarienvogel »Frühlingsgefühle«. Beim Kanarienhahn werden die Geschlechtsdrüsen aktiv und er nutzt jede freie Minute zum Singen. Dieser Gesang wiederum weckt bei den Weibchen den Nestbautrieb. Je melodischer, häufiger und länger ein Hahn singt, desto eifriger baut sein Weibchen am Nest. Während die Tage immer länger werden und so den Vögeln immer mehr Zeit zur Futtersuche bleibt, singen die Hähne immer intensiver, sie begleiten die gesamte Nestbauzeit mit ihren Melodien.

Licht und Wärme steuern ja auch das Pflanzenwachstum, und so fällt die Brutzeit der Kanarienvögel in die futterreich-

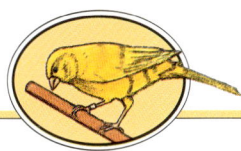

ste Saison ihrer Heimat. Während das Männchen unentwegt weitersingt, beginnt das Weibchen mit der Eiablage. In der Regel sind das pro Brut vier Eier, die das Weibchen in einem Zeitraum von 3–4 Tagen legt. Nachdem das letzte Ei gelegt ist, beginnt das Weibchen mit der Brut. Jetzt wird sie während der ganzen Brutzeit vom Hahn gefüttert. Ihm bleibt keine Muße mehr zum Singen, denn er ist fast ganztägig damit beschäftigt, zur eigenen Nahrung auch noch die Mahlzeiten für das brütende Weibchen herbeizuschaffen. Die Jungen schlüpfen gleichzeitig im napfförmigen Nest, das in der Regel im dichten Gebüsch gebaut wird. Die Mutter wärmt ihre nackten, blinden und völlig hilflosen Küken anfangs rund um die Uhr und ist während der ersten Tage völlig auf ihren Hahn angewiesen. Kanarienküken zeigen ihren Hunger durch weitaufgerissene Schnäbel, was auch »sperren« genannt wird, an. Der gelbe Schnabelrand ist für die Eltern auch bei schlechtem Licht erkennbar. Die Mutter, die ihrerseits vom Hahn gefüttert wird, speichert Samen in ihrem Kropf und würgt diese vorverdaute Nahrung den Küken vor, sobald diese sperren. Zwei bis drei Bruten sind auf den Kanaren beim Girlitz die Regel. Wie häufig die Vögel innerhalb eines Jahres brüten, richtet sich nach dem Wetter und der damit zusammenhängenden Vegetation. In verregneten oder zu heißen Sommern kommt es nur zu einer oder zwei Bruten.
Die flüggen Jungen tragen zunächst noch ihr Jugendgefieder, das sie später, gleichzeitig mit ihren Eltern, bei der Mauser wechseln. Die Mauser bei den Kanarienvögeln fällt in den Spätsommer. Im Laufe von 50–100 Tagen erneuern die Vögel dabei ihr komplettes Federkleid. Wenn der Winter mit seinen langen Nächten und dem kargen Futterangebot kommt, ist die Mauser vollendet. Die Vögel brauchen jetzt das gesamte kurze Tageslicht zur Futtersuche. Erst wenn der Winter seinen Höhepunkt überschritten hat und die Tage wieder länger werden, regt sich auch der Geschlechtstrieb wieder. Dann präsentieren sich die Hähne ihren Bräuten im tadellosen, neuen Gefieder.

Sobald die anfangs noch blinden Küken ein Elternteil kommen spüren, sperren sie die Schnäbel auf, um Futter zu erbetteln

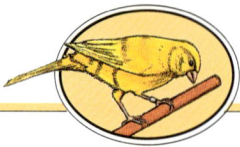

Der Kauf eines Kanarienvogels

Was Sie vor dem Kauf bedenken sollten

Bevor Sie sich zum Kauf eines Kanarienvogels entschließen, überlegen Sie doch bitte, ob dieser Vogel auch zu Ihnen, Ihrer Familie und Ihren Lebensgewohnheiten paßt. Der Gesang eines Kanarienhahns ist melodisch und reizend, er kann aber zum Beispiel auch nervtötend wirken, wenn Sie nur wenig Platz haben und nicht in einen anderen Raum ausweichen können. Einen Vogel kann man nämlich nicht abstellen wie ein Radio. Sie müssen also damit rechnen, daß Ihr Sänger auch zu Unzeiten trällert.

Der Kanarienvogel gehört zwar zu den anspruchslosesten Stubenvögeln, trotzdem verursacht auch er Arbeit und kostet Geld, wenn er gut gehalten wird. Haben Sie Zeit, sich ihm täglich zu widmen? Oder soll er ein einsames Dasein fristen, weil er meistens alleine in seinem Bauer sitzt? Sind Nachbarn oder Freunde bereit, den Vogel während Ihres Urlaubs zu versorgen? Oder kennen Sie einen Zoofachhändler, einen Züchter, der sich des Tieres annimmt?

Alles in allem aber ist der Kanarienvogel im Vergleich zu anderen Haustieren ein »bequemer« Wohnungsgenosse: er stört keine Nachbarn, weil er nicht laut ist, er fällt nicht unter die genehmigungspflichtigen Haustiere und muß deshalb nicht beim Vermieter angemeldet werden. Er stellt keine großen Ansprüche an Pflege und Futter, ist robust und kaum krankheitsanfällig. Ein idealer Gefährte also, wenn man ihm das Wenige, das er fordert, gönnt.

Wenn Sie sich nun nach reiflichem Überlegen für einen Kanarienvogel entschieden haben, so müssen Sie aber noch klären, was für einen Sie sich wünschen: Soll er ein perfekter Sänger oder möglichst raffiniert gefärbt sein? Oder wünschen Sie einen Riesen, einen Zwerg oder gar einen Haltungsvogel? Ich möchte hier noch einmal betonen, daß alle Rassen singen. Lediglich in der Reinheit, der Intensität und der Strophenvielfalt gibt es rassenbedingte Unterschiede. Eine kleine Entschei-

Kanarienvögel gibt es als Gesangs-, Farben- und Gestalt- oder Positurkanarien, so daß die Wahl wirklich nicht einfach ist. Die hier gezeigten Jungvögel sind orangebraune und roséachate Schecken und gehören zur Gruppe der Farbenkanarien

Der günstigste Zeitpunkt, einen Kanarienvogel zu kaufen ist der Spätsommer, wenn die Hähne nach der sommerlichen Mauserpause ihren Gesang wieder aufnehmen. Nehmen Sie sich viel Zeit, die Vögel beim Händler in Ruhe zu vergleichen

auch. Nur wenn Sie genau wissen, daß jemand sich gerade einen solchen Sänger wünscht, sollten Sie ein Tier verschenken. Und auch dann wäre ein Gutschein noch besser, denn die Auswahl aus der großen Menge der Zuchtrichtungen und Rassen ist doch sehr schwierig. Zum Schluß bedenken Sie bitte auch, daß Kanarienvögel sehr alt werden können, Spitzenwerte von 20 Jahren wurden schon erreicht. Das sind sicherlich Ausnahmen, aber er wird doch mindestens 10 Jahre lang sein Leben mit Ihnen teilen.

Kanarienvögel und andere Haustiere

Haben Sie schon andere Haustiere wie Hund, Katze oder andere Vögel? Nicht mit allen wird sich der Kanarienvogel vertragen. Ein Hund bringt selten Komplikationen, während bei einer Katze als Mitbewohner die Anschaffung eines Vogels wirklich genau überlegt sein muß. Auch wenn der Vogelkäfig außerhalb der Reichweite der Krallen steht oder an der Decke hängt, bedeutet es für jeden Vogel Streß, mit einer Katze in einem Raum gehalten zu werden. Die Möglichkeit, den Vogel regelmäßig frei fliegen zu lassen, besteht dann nur, wenn die Katze in einem anderen Raum ist.
Auch wenn Sie andere Vögel haben, ist Verträglichkeit nicht immer gewährleistet, schon gar nicht in einem Käfig. Wellensittiche und Kanarienvögel tolerieren sich normalerweise, wenn sie auch

dungshilfe wird Ihnen das Kapitel »Zuchtrichtungen und Rassen« (siehe Seite 55 ff.) am Ende des Buches geben. Dort werden einige Vertreter der Gesang-, Farb- und Gestaltkanarien etwas näher beschrieben. Zum Kennenlernen der Rassen bieten sich auch die Kanarienausstellungen an, die fast überall abgehalten werden. Schauen Sie sich in Ruhe bei einer solchen Ausstellung um, bevor Sie sich für eine bestimmte Rasse entscheiden. Als Überraschungsgeschenk eignet sich ein Kanarienvogel genauso wenig wie jedes andere Tier

meistens keine Freundschaft miteinander schließen. Größere Sittiche oder Papageienarten gehen dagegen meist aggressiv auf den fremden Eindringling los. Denken Sie bitte daran: Die Krummschnäbel der Papageien sind kräftige und messerscharfe Waffen, gegen die sich Ihr Kanarienvogel nicht wehren kann. In freier Natur entzieht er sich Feinden durch Flucht, aber das ist im Käfig nicht möglich.

Einem wohlerzogenen Hund können Sie schnell klarmachen, daß der Kanarienvogel keine Beute ist. Trotzdem sollten Sie Hund und Vogel nie unbeaufsichtigt allein lassen

Kleinere Haustiere wie Meerschweinchen, Kaninchen oder Mäuse nehmen meist keine Notiz von dem Neuankömmling.

Einen oder mehrere Vögel?

Wenn Sie schon einen Kanarienhahn besitzen, empfiehlt es sich nicht, ihm einen zweiten zuzugesellen. Zwei Hähne in einem kleinen Käfig würden dauernd streiten und sich gegenseitig so lange schwächen, bis der Unterlegene irgendwann eingeht. In sehr großen Volieren dagegen können Sie mehrere Kanarienhähne halten, denn dort kann sich jeder sein Revier abstecken.

Ein Paar läßt sich natürlich ohne Komplikationen halten, aber Sie müssen dann mit Nachwuchs rechnen. Der Gesang des Hahnes beschränkt sich bei der Paarhaltung in der Regel auf die Brutzeiten, wohingegen ein einzeln gehaltener Hahn fast das ganze Jahr hindurch singt. Trotzdem können zwei Kanarienvögel sehr viel Freude bereiten. Bei Familien, die den Großteil des Tages außer Hauses sind, empfehle ich die Haltung von mindestens zwei Vögeln, denn ein einzelner würde ohne Ansprache schnell verkümmern.

Ein Einzelhahn wird sehr schnell zahm, er gewöhnt sich an die Stimme seines Pflegers und begrüßt ihn. Mit ein paar Leckerbissen läßt er sich gut auf die Hand locken und sein Gesang, der jetzt dem Menschen gilt, macht sehr viel Freude.

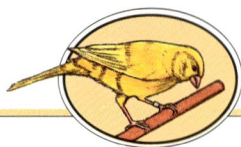

Auswahlkriterien

Die meisten Menschen wünschen sich einen Kanarienvogel, weil er singt. Gesang ist allerdings nur dem Hahn gegeben, die Kanarienweibchen zwitschern höchstens. Äußerlich sind die Geschlechter nur für sehr versierte Kenner zu unterscheiden. Dieser Unterschied zeigt sich zudem nur während der Balzzeit, in der der Hahn, dreht man ihn um und bläst vorsichtig das Kloakengefieder weg, eine verdickte, vorgestülpte Kloake, den sogenannten Zapfen, aufweist. Wenn man Weibchen und Männchen nebeneinander auf einer Stange sitzen sieht, kann man mit etwas Glück die Weibchen auch an der etwas breitbeinigeren Sitzhaltung erkennen.

Der richtige Zeitpunkt

Das sicherste Kennzeichen für einen Hahn ist der Gesang. Weil die Kanarienjunghähne erst ab dem Spätsommer zu singen beginnen und auch die Althähne erst nach der hochsommerlichen Mauserperiode den Gesang wieder aufnehmen, sollten Sie Ihren Vogel im Herbst oder Frühwinter kaufen. Während dieser Zeit können Sie selbst hören, welcher Gesang Ihnen am besten gefällt. Jetzt leuchten auch die Farben der Farbkanarien am intensivsten. Und vor allem: wenn Sie ein Jungtier haben wollen – die Brutzeit beginnt im Januar/Februar –, haben Sie jetzt die größten Chancen, eines zu erstehen. Ob und wie

Singen lernen die jungen Kanarienhähne durch Nachahmung des Gesangs der Altvögel

jung ein Kanarienvogel ist, läßt sich ebenfalls nur sehr schwer am Äußeren feststellen. Sobald die Jungvögel ihre Jugendmauser hinter sich haben, gleichen sie nämlich ihren Eltern.
Das sicherste Erkennungszeichen ist der geschlossene Ring, der den Vögeln während der ersten Lebenswoche über die Beine gestülpt wird. Das ist später nicht mehr möglich, so daß Fälschungen ausgeschlossen sind. Der Ring enthält neben den Züchter – und/oder Ver-

einsnummern auch das Schlupf- oder Beringungsjahr des Vogels.
Ein offener Ring ist nicht fälschungssicher, denn er kann jederzeit übergestülpt werden und dient lediglich als Erkennungsmerkmal zur Identifizierung eines Tieres.
Im Gegensatz zu den Sittichen und Papageien besteht bei den Kanarienvögeln übrigens keine Ringpflicht. Sie können also auch einen Vogel ohne Ring erstehen. Eingetragene Züchter allerdings versehen alle ihre Nachzuchten mit geschlossenen Ringen.

Deutlich ist bei diesem Goldisabell (nicht intensiv) Farbenkanari der geschlossene Ring, der den Tieren nur während der ersten Lebenswoche übergestülpt werden kann, zu erkennen

Züchter, Zoohändler und Zeitungsanzeigen

Einen Züchter ausfindig zu machen ist nicht immer leicht. Sie können im Telefonbranchenbuch unter Kanarienvögel oder Vogelzucht nachschauen oder beim:
Deutscher Kanarienzüchter-Bund e.V.
Ulmenstraße 6
4220 Dinslaken-Hiesfeld
um Rat fragen.
Schließlich bieten viele Züchter ihre Jungvögel auch über Kleinanzeigen in Fachzeitschriften oder Tageszeitungen an. Über Kleinanzeigen können Sie auch einen Kanarienvogel von Privat erstehen.
Die meisten Kanarienbesitzer kaufen ihren ersten Vogel aber bei einem Zoofachhändler. Das hat viele Vorteile. Einmal haben Sie eine große Auswahl, und in der Regel sitzen die Geschlechter auch in getrennten Käfigen, so daß Sie unter mehreren Hähnen in direktem Vergleich wählen können. Wenn Sie dort kaufen, singen die Hähne in den Käfigen miteinander um die Wette und Sie können in Ruhe entscheiden, welcher Vogel Ihnen am ehesten zusagt. Die meisten Händler bieten ihren Kunden als Service auch Urlaubsbetreuung an, und schließlich erhalten Sie hier auch gute Tips für Haltung, Fütterung und Pflege und können die Ausstattung gleich mitkaufen.

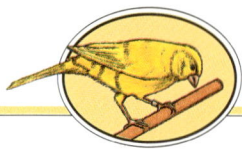

Gesund muß er sein

Achten Sie, wo immer Sie Ihren Vogel kaufen, auf jeden Fall darauf, daß Sie ein gesundes Tier erwerben. Gesunde Kanarien sitzen auf der Stange und nicht auf dem Boden. Außerdem haben sie glattes, glänzendes und enganliegendes Gefieder. Gesträubte Federn und ein aufgeplusterter Vogel deuten immer auf eine mögliche Krankheit hin. Lassen Sie die Finger von so einem Tier! Die Augen müssen klar und glänzend sein. Kanarien sind tagaktiv, sie schlafen nur nachts und höchstens eine Stunde in der Mittagszeit. Sitzt ein Vogel also mit geschlossenen Augen oder im Nacken verborgenem Kopf im Käfig, kann er eventuell krank sein.

Vögel, die schon beim Züchter oder Händler einen munteren, aufgeweckten Eindruck machen und sich vom Betrachter nicht beim Fressen, Putzen oder Singen stören lassen, bieten die besten Voraussetzungen, schnell zahm und zutraulich zu werden. Fliegen die Tiere aber in panischer Angst im Käfig hin und her, so sind sie möglicherweise keine Menschen gewohnt und werden einige Zeit brauchen, bis sie sich bei Ihnen eingewöhnen.

Schließlich sollten Sie auch noch auf die Beine und Füße Ihres zukünftigen Hausgenossen achten! Sind die Beinschuppen glatt und liegen an? Oder zeigen sich Risse oder Verdickungen, die bei jungen, gesunden Vögeln nicht vorkommen dürfen? Hat der Vogel alle vier Zehen mit Krallen? Kein gutes Zeichen ist es, wenn die Krallen überlang sind, so daß die Vögel beim Laufen und Hüpfen krumm gehen müssen. Das zeugt von schlechter Haltung und mangelnder Pflege.

Wenn Ihnen Züchter oder Händler die Möglichkeit dazu geben, sollten Sie sich auch die Kloake Ihres Vogels ansehen. Sie muß sauber sein. Krusten, verklebtes Gefieder und eine verschmierte Kloake deuten auf Durchfallerkrankungen hin.

Nur wenn Sie Ihren Kanarienvogel selbst aussuchen, können Sie auf Jugend, Gesundheit und Geschlecht achten. Ich rate deshalb dringend von Versandkäufen ab. Abgesehen vom Streß

Am glatt anliegenden, sauberen Gefieder erkennt man am schnellsten, daß der Kanarienvogel gesund ist. Der hier gezeigte Blaue Lizard gehört zu den Gestaltkanarien

des armen Vogels, der in einem winzigen, engen Karton auf seine unsichere Reise geschickt wird, kaufen Sie damit auch »die Katze im Sack« und dürfen sich nicht wundern, wenn die Post Ihnen ein krankes, schwaches oder gar totes Tier bringt. Das sollten Sie auf keinen Fall riskieren.

Der Heimtransport

Endlich ist es also soweit: Sie haben sich für einen Kanarienvogel entschieden, alle Vorbereitungen sind getroffen, nur Ihr neuer Gefährte fehlt noch. (Näheres zum Käfig und seiner Ausstattung siehe Seite 27 ff).
Die beste Transportmöglichkeit ist ein sehr kleiner, geschlossener Holzbehälter mit einem Sicht- und Luftgitter. Sie sollten sich so eine Box im Fachhandel in jedem Fall besorgen, denn sie erleichtert Ihnen später auch den Transport des Vogels zum Tierarzt, einen möglichen Umzug oder eine Reise. Beim Händler wird man Ihnen für den Heimweg wahrscheinlich eine kleine Pappschachtel in die Hand drücken. Für kurze Wege ist auch sie geeignet, wenn sie Luftlöcher hat, bei einem längeren Heimweg bestehen Sie auf einer Holzbox. Glauben Sie bitte nicht, daß der Vogel sich beim Transport in einem großen Käfig wohler fühlen würde. In der dunklen, kleinen Box verhält er sich ruhig und versucht nicht, zu flattern. Im Käfig dagegen hat er viel Platz und kann sich beim aufgeregten Rumflattern schnell verletzen.
Die Transportbox können Sie bei schönem Wetter einfach in der Hand tragen

Eine weitere interessante Variante der Farbenkanarien sind die Schecken

oder in eine luftdurchlässige Tasche oder einen Korb stellen. Bitte verwenden Sie auf keinen Fall eine Plastiktüte! Darin kann es zu einem für den Vogel tödlichen Hitzestau oder gar zu seinem Erstickungstod kommen.
Es sollte außerdem selbstverständlich sein, daß Sie den Vogel so schnell wie möglich aus seinem engen Gefängnis befreien, also Ihren neuen Hausgenossen auf dem kürzesten Weg nach Hause bringen.

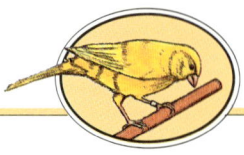

Haltung und Pflege

Der Käfig und seine Einrichtung

Wenn Ihr neuer Freund sich bei Ihnen wohlfühlen soll, braucht er ein eigenes Heim. Sein neues Zuhause sollte ihm die Möglichkeit bieten, sich nach Bedarf zurückzuziehen, und er muß sich darin geborgen fühlen. Auch wenn Ihr Vogel täglich frei fliegen kann, darf sein Käfig nicht zu klein sein. Kanarienvögel klettern nicht, sondern sie springen und fliegen und brauchen dafür Platz. Ein Mindestmaß von 60 cm Breite, 50 cm Höhe und 40 cm Tiefe sollte der Käfig für einen Kanarie deshalb aufweisen. Er kann Quer- oder Längsstangen haben, das ist dem Kanarie egal und lediglich eine Frage des Geschmacks. Wichtig ist aber, daß die Gitterstäbe so eng angeordnet sind, daß der Vogel seinen Kopf nicht hindurch zwängen kann. Oft kann er ihn nämlich nicht wieder zurückziehen, und dann wird der Käfig zur Todesfalle. Als Material eignet sich Edelstahl oder – da Kanarievögel nicht nagen – auch Kunststoff.

Von prachtvollen Käfigen in Gold oder Silber rate ich ab, denn das Metall reflektiert die einfallende Sonne zu stark und der Vogel wird geblendet. Fantasievolle Käfigformen mögen dem menschlichen Auge gefallen, der Vogel kann damit nichts anfangen. Jede Nische, jeder kunstvolle Bogen bedeutet für ihn lediglich weniger Raum zum Hüpfen und Fliegen. Auch Rundkäfige sind für die Kanarienhaltung nicht geeignet. Sie bieten dem Tier keine Ecken zum Zurückziehen und geben ihm auch nicht die Möglichkeit, sich an diesen zu orientieren. Auch Holz eignet sich überhaupt nicht als Käfigmaterial. Es zieht Feuchtigkeit an und ist deshalb ein idealer Brutplatz für viele Krankheitskeime.

Da Kanarienvögel im Gegensatz zu Wellensittichen nicht klettern sondern hüpfen oder fliegen, brauchen sie einen recht geräumigen, rechteckigen Käfig

Abmessungen und Standort

Am besten eignen sich rechteckige Käfige für die Haltung von Kanarienvögeln. Ideal ist ein Kastenkäfig, der an drei Seiten geschlossene Wände hat. Ihr kleiner Gast fühlt sich darin geborgener als in Käfigen, die nach allen Seiten hin offen

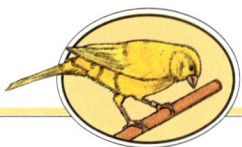

sind. Hat der Käfig keine geschlossenen Rück- und Seitenwände, sollten Sie ihn in eine Ecke stellen, die mindestens zwei Käfigseiten gegen Sicht und Zugluft schützt. Von oben und von einer Seite braucht der Kanarienvogel natürlich Licht. Wenn Sie also den Bauer in eine Schrankwand stellen, müssen Sie für Beleuchtungsmöglichkeiten sorgen.

Je größer der Käfig, desto wohler wird sich Ihr Vogel darin fühlen. Sie können die Mindestmaße von 60x50x40 cm also ruhig überschreiten, denn einen zu großen Käfig gibt es nicht. Vielleicht wollen Sie den Vogel im Sommer auf dem Balkon oder auf der Terrasse halten? Dann können Sie unter den verschiedenen Flugkäfigen und Volieren wählen, die der Handel anbietet. Nehmen Sie auch hier nur einen eckigen Käfig. Wenn dieser ganz im Freien stehen soll, muß er ein Dach haben und mindestens eine Seite (die Wetterseite) sollte eine feste Wand bekommen, die Durchzug verhindert.

Wenn Sie den Vogel ganzjährig im Freien halten möchten, brauchen Sie zusätzlich zur Voliere ein Schutzhaus, das beheiz- und beleuchtbar sein muß. Außenvolieren mit entsprechenden Schutzhäusern gibt es zu kaufen, aber mit etwas Geschick können Sie diese auch selber bauen. In beiden Fällen ist wichtig, daß die Voliere gegen Ratten- und Mäuseeinfall geschützt ist – entweder durch einen etwa 30 cm hohen Sockel oder ein Betonfundament. Besonders wichtig ist auch der Schutz gegen größere Räuber, wie zum Beispiel Marder und Katzen. Deshalb sollten Sie die Voliere mit einem Doppelgitter oder einem Schutzzaun umgeben. Der Gitterabstand hierbei muß so klein gewählt werden, daß sich kein Räuber hindurchzwängen kann.

Schließlich braucht eine Gartenvoliere auch eine Schleuse: eine Doppeltür, durch die Sie sich, ohne daß der Vogel entweichen kann, Zugang verschaffen können.

Kanarienzüchter oder Vogelfreunde, die mehrere Tiere haben, halten die Vögel manchmal auch in Kellervolieren. Das ist möglich, wenn das Mauerwerk trocken ist und Sie für ausreichende Beleuchtung und Belüftung sorgen.

In der Regel aber wird Ihr Kanarienvogel mit Ihnen die Wohnung teilen. Bitte legen Sie, noch bevor Sie Ihren Vogel nach Hause holen, den Standort des Käfigs fest. Ein heller Platz ohne direkte und zu intensive Sonneneinstrahlung ist ideal. Außerdem sollte er ruhig sein, nicht direkt neben dem Fernseher, dem Klavier oder einer anderen Geräuschquelle stehen. Trotzdem gehört das Vogelheim, besonders wenn Sie einen zahmen Vogel wollen, in einen Raum, in dem Sie sich oft aufhalten, damit Ihr kleiner Freund auch etwas von Ihnen hat. Die ideale Höhe für die Anbringung des Käfigs ist etwas oberhalb Ihrer Augenhöhe, wenn Sie stehen. Wie alle Vögel fühlt sich auch ein Kanarienvogel sicherer, wenn er nach oben flüchten kann. Wenn Sie mit ihm sprechen, kann er sich, solange er sich noch nicht heimisch fühlt, auf die oberen Stangen zurückziehen und von da auf Sie herabsehen. Er hat aber auch die Wahl, sobald

er etwas zahmer ist, sich mit Ihnen in Augenhöhe zu begeben. Wenn Sie den Käfigstandort einmal gewählt haben, sollten Sie diesen in der ersten Zeit nicht mehr ändern, damit Ihr Kanarienvogel die Möglichkeit hat, sich daran zu gewöhnen.

Einrichtung und Zubehör

Neben Form, Größe und Standort des Vogelheims ist auch die Käfigeinrichtung entscheidend für das Wohlbefinden Ihres Sängers. Die Käfigtür sollte mit einer Federung versehen sein, deren Eigenspannung sie immer geschlossen hält. Sonst kann es passieren, daß sie aufklappt, wenn der Vogel dagegenfliegt.
Ein guter Käfig sollte auch Zusatzklappen haben, um Futter, Wasser und die Badewanne von außen zu wechseln. Das erleichtert nicht nur Ihnen die Arbeit, sondern schenkt dem Vogel auch die Sicherheit und Geborgenheit, die er braucht. Ein Käfig, in dem Sie dauernd herumhantieren müssen, wirkt für einen Neuling erschreckend, und er wird sich nicht heimisch fühlen. Achten Sie beim Kauf auch darauf, daß der Käfig eine Bodenschublade und ein genügend hohes Bodenschutzblech besitzt. Auf diese Weise können Sie den Sand leicht erneuern und den Käfigboden ohne große Umstände reinigen. Der Schutz verhindert, daß der Vogel beim Fliegen Sand, Federn und Staub vom Käfigboden aufwirbelt, bzw. den ganzen Dreck nach außen wirbelt.

Sitzstangen, die der Vogel mit seinen Zehen nicht umfassen kann, begünstigen die natürliche Abnutzung der Krallen

Die Sitzstangen sollten aus Weichholz oder Naturästen bestehen und müssen unterschiedlich dick sein, damit die Zehen mal ganz geschlossen, und mal ganz geöffnet werden müssen, um darauf Halt zu finden. Plastikstangen sind nicht gut, denn sie sind zu hart und zu unflexibel und führen zu verkrampfter Fußhaltung bis hin zu Fußschäden. Setzen Sie die Stangen so ein, daß der Vogel von Ast zu Ast hüpfen kann und dabei die Möglichkeit hat, die Ebenen im Käfig zu wechseln. Je eine Stange sollte vor den Futter- und Wassernäpfen angebracht sein und eine weitere vor dem Badehäuschen. In einem geräumigen Käfig benutzen die Vögel gerne ihre Flügel. Nehmen Sie ihnen deshalb nicht diese

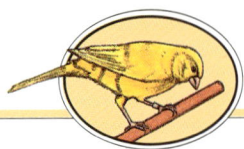

Möglichkeit durch zuviele Stangen. Während sich die handelsüblichen Sitzstangen aus Holz leicht reinigen lassen, verschmutzen die Naturäste durch ihre unebene Oberfläche schneller und sind auch nicht gut zu desinfizieren. Sie sollten deshalb öfter gewechselt werden. Relativ neu im Handel sind Sitzstangen, die mit Sandpapier überzogen sind. Einige davon in jedem Käfig tun den Füßen gut, und außerdem wetzen die Kanarien ihre Schnäbel gerne daran. Das Sandpapier trägt dazu bei, die ständig wachsenden Kanarienkrallen zu »feilen«. Auch dickere Äste, die der Vogel mit dem Fuß nicht ganz umspannen kann, dienen dem gleichen Zweck.

Bei der Wahl der Futter- und Wassernäpfe müssen Sie vor allem darauf achten, daß der Inhalt nicht durch Kot verschmutzt werden kann. Ein zweckmäßiger Käfig hat von außen einsetzbare Näpfe, die durch ein Dach gegen Schmutz von oben geschützt sind. Noch besser und hygienischer sind Futter- und Wassersilos, die sich durch die Stangen einschieben lassen. Die eingeklemmten Röhrchen befinden sich außen, nur die Silonase mit einer kleinen Öffnung ragt in das Innere des Käfigs. Diese Futterspender sorgen selbsttätig für Nachschub, denn bei jeder Entnahme von Körnchen rutschen die nächsten nach. Nehmen Sie keinen Käfig, bei dem die Futternäpfe in den Käfigboden eingebaut sind. Das Futter und Wasser würden dauernd verschmutzen und zum Wechseln müßten Sie ständig die Bodenschublade herausziehen. Das bringt unnötige Unruhe und Streß.

Eine Badegelegenheit gehört zu den Grundbedürfnissen eines Kanarienvogels. Kaum ein anderer Stubenvogel plantscht so gerne wie er. Bei einem guten Käfig ist für das Einhängen des Badehäuschens eine eigene Öffnung vorgesehen. Das Badehaus sollte ebenfalls ein Schutzdach gegen einfallenden Kot haben.

Die meisten Kanarienvögel sind „Wasserratten" und baden sehr gern. Ein einhängbares Badehäuschen gehört deshalb zur Grundausstattung

Das richtige Futter

Als Körnerfresser ernähren sich Kanarienvögel hauptsächlich von Sämereien aller Art. Das im Handel angebotene Kanarienmischfutter ist als Grundnahrung sehr geeignet. Es setzt sich in der Regel aus Glanz, Negersaat, Rübsen, Hanf, Mohn, Weizen, Salatsamen, Leinsamen, Senegalhirse und geschältem Hafer zusammen. Rund einen Teelöffel davon nimmt ein gesunder Kanarienvogel pro Tag zu sich. Zusätzlich werden im Handel noch jede Menge Leckerbissen angeboten, angefangen von den Knabberstangen, die für den Vogel sinnvoll sind, weil er daran arbeiten muß, bis hin zu Singhilfen, Gefiederglanzkörnchen, Mauserhilfe und vieles mehr. Probieren Sie diese Extras ruhig aus, Sie werden selbst merken, welche Ihr Vogel bevorzugt. Doch – und das gilt besonders für Kolbenhirse, die von Kanarienvögeln sehr geschätzt wird –, geben Sie nicht zuviel davon, denn ein gesunder Vogel darf nicht zu fett sein.

Wichtiger als die Leckerbissen ist frische Beikost. Kanarienvögel lieben Grünzeug aller Art: Gemüse, Obst, Salat, Knospen, Blätter und Pflanzentriebe. Als besondere Leckerbissen werden von ihnen Apfelstückchen, Löwenzahn (Blüten und Blätter), Vogelmiere (die sich im Blumentopf ganzjährig ziehen läßt), Kopfsalat, Spinat und Grünkohl geschätzt. Denken Sie bitte daran, daß Gemüse und Salat nicht gespritzt sein darf und vor dem Verfüttern gut gewaschen werden muß.

Praktisch sind solche Ständer mit Stiften, auf denen man Gemüse und Grünfutter aufspießen kann

Im Frühling können Sie Ihrem Kanarienvogel immer wieder frische Zweige mit Trieben, Blättern und Blütenknospen anbieten. Sie werden erstaunt sein, wie gerne er dafür sein normales Grundfutter stehen läßt, und sogar an der jungen Rinde knabbert er herum. Zur Brutzeit schätzt er auch Pflanzen, die von Blattläusen befallen sind, die er dann systematisch nach den Schädlingen absucht. Auch hier gilt: pflücken Sie nur da, wo Sie wissen, daß nicht gespritzt wurde. Während der Mauser sorgt eine Salatgurke mit ihren Vitaminen, Mineralstoffen und Spurenele-

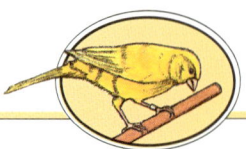

Gönnen Sie Ihrem Kanarienvogel ab und zu mal ein frisch ausgestochenes Rasenstück, er wird sich begeistert darauf stürzen

menten für einen reibungslosen Federwechsel. Weil auch bei den Kanarien die Geschmäcker verschieden sind, sollten Sie einfach die verschiedenen Obst- und Gemüsesorten durchprobieren und selbst herausfinden, was Ihrem Sänger am besten schmeckt und bekommt. Besonders gern stürzen sich Kanarienvögel auf frisch ausgestochene Rasenstücke, auch wenn die Fleckchen nur ein paar Quadratzentimeter groß sind. Sie können auch Futterkörner in einen mit gesiebter ungedüngter Gartenerde ge-

füllten Blumentopf treiben lassen und die Töpfchen im Käfig anbieten.

Für die Knochenbildung und die Gefiederhaltung brauchen die Vögel Kalk, den Sie ihnen über die Kalksteine geben können. Auch Sepiaschale wird gerne angenagt, genauso wie die Taubengrittsteine von allen Kanaries geschätzt werden. Schließlich ist auch im Vogelsand, mit dem der Käfigboden bedeckt wird, eine Vielfalt an Mineralstoffen, Spurenelementen und Kalk enthalten.

Für alle Arten von Zusatzfutter – also auch die Frischkost – gilt, nie zuviel davon und niemals plötzlich wechseln, denn beides kann zu ernsthaften Durchfällen führen.

Weichfutter, Haferflocken, Spezialvitaminfutter und Keimfutter können als Ergänzung gereicht werden. Weichfutter enthält viel tierisches Eiweiß und ist während der Aufzucht von Jungvögeln unbedingt nötig. Wenn Sie also züchten wollen, sollten Sie Ihre Vögel vorher daran gewöhnen, indem Sie immer wieder eine Prise davon anbieten. Achtung: Das Futter zieht Feuchtigkeit an und schimmelt leicht! Kaufen Sie also nur kleine Mengen und überzeugen Sie sich vor dem Kauf, daß das Haltbarkeitsdatum noch nicht abgelaufen ist.

Keimfutter können Sie in den angebotenen Keimsilos aus allen Körnersorten selber herstellen. Kanarienvögel schätzen besonders gekeimte Rüpsen-, Weizen- und Haferkörner, aber bitte geben Sie nicht zuviel davon und achten Sie immer auf Schimmelbildung. Verfüttern Sie niemals angeschimmeltes Futter, eine ernsthafte, wenn nicht sogar töd-

liche Erkrankung kann die Folge sein. Wer einen Farbkanarienvogel hält, kann die Farbintensität mit Hilfe des Futters erhalten oder verstärken. Die Stoffe zur Herstellung von Gelb entnehmen die Vögel allem frischen Grünfutter. Rote Vögel erhalten ihre Gefiederfarbe, wenn Sie ihnen Karotten zufüttern oder dem Grundfutter das sogenannte Aufzuchtfutter mit Beta-Carotin beimengen.

Wenn Sie keine Zeit oder Möglichkeit haben, Ihrem Vogel die Vitaminzufuhr durch tägliche Gaben von Frischkost zu gewährleisten, sollten Sie zumindest dem Trinkwasser Vitamine beimengen. Viele Kanarienfreunde genießen es, wenn ihr zahmer Gefährte mit am Tisch sitzt und vielleicht sogar bettelt. Aus Vogelsicht ist es verständlich, daß er all das auch haben will, was Ihnen offensichtlich so gut mundet. Ungefährlich ist es allerdings nicht, denn die meisten Dinge vertragen Kanarienvögel nicht, doch ein paar Brot- oder Kuchenkrümel, ein Stück Obst und seltener ein Häppchen Butter oder Quark schaden nicht. Gesalzene und gewürzte Speisen dagegen verträgt der Vogelmagen nicht, und auf Dauer müssen Sie damit rechnen, daß der Kanarie Leberschäden bekommt. Besser ist es, immer ein paar vogelgerechte Leckerbissen parat zu haben, wenn Ihr zahmer Freund um einen Happen bettelt.

Sauberkeit muß sein

Damit Ihr Sänger sich in seinem Käfig auch auf Dauer wohlfühlt, damit er gesund bleibt und Sie selbst möglichst viel Spaß an Ihrem Hausgenossen haben, müssen Sie ein paar Grundregeln der Hygiene beachten. Zweimal pro Woche muß der Bodensand erneuert werden. Auf ihm sammelt sich Kot, hier liegen die Spelzen der Futterkörner, Federflaum und Staub. Leeren Sie die Bodenschublade des Käfigs aus, und entfernen Sie festgeklebte Schmutzreste mit einem weichen Topfkratzer. Meist müssen Sie die Schale nur noch mit warmem Wasser ausspülen. Wenn Sie ein Putz- oder Desinfektionsmittel benutzen, was aber in der Regel unnötig ist, müssen Sie gründlich mit klarem Wasser nachspülen, damit Ihr Vogel bei der Aufnahme von Sandkörnchen nicht Reste des viel zu scharfen Mittels erwischt. Auch die Futter- und Wassernäpfe müssen mindestens einmal pro Woche gründlich gereinigt werden. Sehr hartes Wasser verlangt auch ein regelmäßiges Entkalken der Wassernäpfe und der Badewanne. Bitte benutzen Sie dafür nur Essig und spülen Sie gründlich nach. Einmal im Monat müssen Sie die geschlossenen Käfigseiten mit einem feuchten Tuch säubern und sollten dabei auch die Gitterstäbe reinigen. Naturholzsitzäste entfernen Sie bei der Gelegenheit am besten ganz und

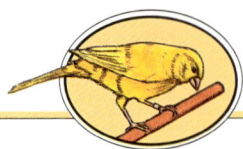

ersetzen sie durch neue. Die glatten runden Sitzstangen lassen sich mit einem Stahlschwamm gut von Schmutz und Kot befreien. Beim Reinigen können Sie auch gleich Boden, Käfigwände, Sitzstangen und Futternäpfe oder Silos auf Risse, Rost oder andere Defekte hin kontrollieren und gegebenenfalls ersetzen.

Die Gefiederpflege erledigt Ihr Kanarienvogel zwar selbst, aber die regelmäßige Reinigung des Käfigs samt allem Zubehör ist Ihre Sache

Pflegemaßnahmen

Seine Körperpflege besorgt der Kanarienvogel am liebsten selbst, wenn Sie ihm die Möglichkeiten dazu geben. So wetzt er seinen verklebten Schnabel an den Holzstangen und benutzt auch sehr gerne einen am Boden liegenden, unebenen Stein dazu. Auch die Krallen nutzen sich alleine ab, wenn verschieden dicke Sitzstangen, ein Sandboden, vielleicht sogar ein aufgerauhter oder mit Sandpapier überzogener Ast zum Krallenfeilen vorhanden sind. Leider wachsen bei vielen Vögeln die Krallen trotzdem so lang, daß die Tiere nicht mehr laufen können oder sich die Zehen verkrümmen. Mit diesen überlangen Krallen bleiben die Vögel dann nicht selten im Käfiggitter hängen und verletzen sich Füße oder Beine. Sie können überlange Krallen selber schneiden, oder, wenn Sie sich das nicht zutrauen, es dem Tierarzt überlassen. Wenn Sie sie selbst schneiden, nehmen Sie den Vogel fest in eine Hand und ziehen mit Daumen und Ringfinger dieser Hand einen Fuß nach vorne. Klemmen Sie ihn so fest zwischen Ihre Finger, daß er sich nicht bewegen kann. Wenn Sie nun den Fuß gegen das Licht halten, sehen Sie, daß die Blutgefäße der Krallen deutlich durchschimmern. Bis zu dieser Stelle dürfen Sie schneiden, aber nicht weiter. Kappen Sie die Nägel schräg ab. Am besten geht das mit einer Nagelschere. Wenn Sie aus Versehen doch einmal ein Blutgefäß erwischten, läßt sich die Blutung mit blutstillender Watte stoppen.

In seltenen Fällen muß eine verwachsene Schnabelhälfte beim Kanarienvogel gekürzt werden. Ursache dafür ist meistens der Aufprall des Vogels an einem Fenster oder ähnlichem. Dabei wurden die sonst exakt aufeinanderstehenden Schnabelhälften verschoben, so daß eine Hälfte jetzt unkontrolliert wuchert. Weil die ungleichen Hälften den Vogel beim Fressen behindern, ist ein regelmäßiges Nachschneiden unerläßlich. Lassen Sie sich das erste Mal bitte unbedingt von einem Tierarzt helfen, denn nur er kann Ihnen zeigen, wie der Schnabel richtig gestutzt wird. Er kann Ihnen auch die richtige Schere empfehlen, denn das Schnabelhorn ist hart und splittert bei unsachgemäßem Schnitt leicht.

Die meisten Kanarienvögel baden täglich und sorgen so dafür, daß sich Schmutz im Gefieder nicht festsetzen kann. Haben Sie zufällig einen wasserscheuen Vogel oder einen Bademuffel erwischt, müssen Sie etwas nachhelfen. Füllen Sie eine Blumenspritze mit lauwarmem Wasser und sprühen Sie den Vogel kräftig ein. Ist er richtig durchnäßt, schüttelt er sich kräftig und putzt sich hinterher gründlich. Kranke und sehr alte Tiere sind nachlässiger in der Körperpflege und Sie müssen helfend eingreifen. Wenn Sie sehen, daß die Kloake verklebt oder verschmiert ist, nehmen Sie Ihren Pflegling aus dem Käfig und säubern die verklebten Stellen vorsichtig mit einem Schwamm und lauwarmem Wasser.

Alles in allem aber ist ein Kanarienvogel sehr pflegeleicht. Wenn Sie ein bißchen auf Hygiene achten und ihm selbst die Möglichkeit der Körperpflege geben, wird er Ihnen lange ein gesunder, immer fröhlich singender Gefährte sein.

Wenn die Krallen zu lang werden, müssen sie beschnitten werden, damit sie den Vogel nicht beim Laufen und Sitzen behindern

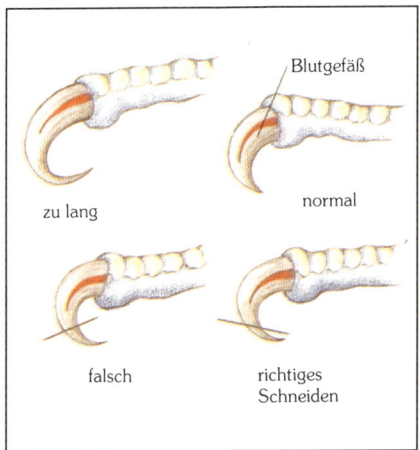

Das Leben mit dem Kanarienvogel

Die Eingewöhnung

Bevor Sie Ihren Sänger in sein neues Zuhause entlassen, sorgen Sie dafür, daß Futter, Wasser und Sand bereits im Käfig sind. Öffnen Sie dann die Käfigtür und halten die Transportbox so, daß ihr Ausflugloch genau auf die geöffnete Käfigtür zeigt, und haben Sie dann etwas Geduld. Greifen Sie niemals mit der Hand nach dem Vogel, der sich in seiner engen Box ja nicht bewegen kann. Dieser Schock würde ihm das Eingewöhnen erschweren, denn er wird die schlechte Erfahrung sofort mit seinem neuen Heim in Verbindung bringen. Nachhilfe ist auch nicht nötig, denn der Neuankömmling wird freiwillig schnell in den Käfig fliegen. Wie alle tagaktiven Vögel wird er von Licht angezogen. Lassen Sie ihn jetzt erst mal in Ruhe. Er braucht einige Stunden, um sich mit dem Käfig, mit der Umgebung, mit seiner neuen Situation vertraut zu machen. Erst wird er einige Zeit auf einer Stange sitzen und sich umsehen. Schließlich weicht die Angst der Neugier, und er wird die Hüpfmöglichkeiten testen, nach einer weiteren Phase zum Futter oder Wasser springen und schließlich auch zum ersten Mal zaghaft tschilpen. Lassen Sie ihn an seinem ersten Tag im neuen Zuhause möglichst vollständig in Ruhe und sorgen Sie dafür, daß er auch in der ersten Nacht vollkommen ungestört bleibt. Das gibt ihm Vertrauen, und er wird schon am nächsten Morgen wesentlich mehr Selbstbewußtsein zeigen.

Wenn sie schon einen Kanarienvogel haben, setzen Sie den Neuen nicht gleich dazu, auch wenn es sich wie auf dem Foto um Hahn und Henne handelt, sondern geben Sie den Vögeln Zeit, sich erst mal aus der Ferne kennenzulernen

Wenn Sie schon einen Vogel haben, setzen Sie den Neuen keinesfalls einfach dazu. Der ältere Vogel wird den Fremden als Reviereindringling betrachten und sofort versuchen, ihn zu verjagen; der Neuankömmling, der ja noch scheu

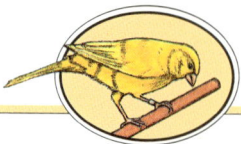

ist und sich nicht auskennt, hat gegen ihn keine Chance.
Sie können aber beide Vögel in einen für beide gleichermaßen fremden Käfig setzen. So müssen sich beide erst einmal orientieren, bevor sie sich beäugen oder bekriegen. Besser ist es aber, wenn Sie zwei Käfige nebeneinander stellen, so daß Sicht- und Hörkontakt besteht. Wenn der Neuankömmling sich eingelebt hat, können Sie beiden die Möglichkeit geben, sich beim Freiflug näher zu kommen.
Haustiere aller Art sollten auf alle Fälle in der ersten Zeit von dem Neuankömmling ferngehalten werden. Generell gilt der Grundsatz: Je weniger Aufregung, desto schneller gewöhnt er sich ein!
Es wird allerdings noch eine Weile dauern, bis Sie sich über die ersten Liedvorträge freuen können. Zwei bis drei Wochen können vergehen, bis der Sänger sich so wohl fühlt, daß er sich im Käfig eine Singwarte sucht, von der aus er dann seine Melodien erklingen läßt. Bitte seien Sie auch nicht enttäuscht, wenn es eventuell noch etwas länger dauert, denn wie bei uns Menschen gibt es auch bei den Vögeln Mutige und weniger Mutige. Wenn Ihr Vogel aber erst einmal anfängt zu singen, haben Sie gewonnen!

So wird Ihr Vogel zahm

Wenn Sie sich nicht nur am Gesang Ihres Kanarienvogels erfreuen wollen, sondern auch den Vogelpartner suchen, der auf Ihren Finger kommt, der dann zu singen beginnt, wenn Sie nach ihm pfeifen, der auf seinen Namen hört und dessen Lieblingsplatz Ihre Schulter ist, müssen Sie dem Vogel viel Zeit widmen. Greifen Sie nie mit der Hand in den Käfig, Sie wissen ja, daß der Bauer für ihn Sicherheit und Geborgenheit bedeutet. Sie würden viel zerstören, wenn er durch eine unbedachte Bewegung in

Ein bißchen Geduld brauchen Sie schon, bis Ihr Vogel auf die Hand kommen wird

seinen vier Wänden in Panik gerät, obwohl Sie ihn doch zum Beispiel nur auf Ihren Finger locken wollten. Der beste Weg, den Vogel zu zähmen, ist, ihm die Möglichkeit zu geben, auf Sie zuzukommen. Kanarienvögel sind neugierig und das können Sie ausnutzen. Am einfachsten geht das beim Freiflug (näheres dazu siehe Seite 40).
Am besten setzen Sie sich ruhig auf einen Stuhl oder Sessel, wenn Ihr Sänger seine Ausflüge unternimmt, so daß er Sie praktisch als Inventar betrachtet. Reden Sie mit ihm, sprechen Sie seinen Namen häufig aus, pfeifen Sie immer die gleichen Melodien, die für ihn bald Erkennungssignale sein werden und bewegen Sie sich nie hektisch dabei, sondern immer ruhig und langsam.
Je regelmäßiger die Ausflugstunden stattfinden, desto eher gewöhnt sich der Vogel daran, genauso regelmäßig in seinen Käfig zurückzukehren. Das ist wichtig, denn sobald diese Phase erreicht ist, können Sie beginnen, ihn mit Leckerbissen auf die Hand zu locken.
Inzwischen wissen Sie ja längst, was Ihr Vogel am liebsten frißt, vielleicht ein Stück Apfel oder ein Biskuit. Reden und pfeifen Sie wie immer mit ihm, halten Sie dabei den Leckerbissen für ihn gut sichtbar in der Hand und üben Sie sich ein bißchen in Geduld. Der Vogel wird neugierig schauen, das Köpfchen schieflegen und er wird aussehen, als dächte er angestrengt nach. Dann wird er vorsichtig, Hüpfer für Hüpfer, sich dem Leckerbissen, der vertrauten Stimme, dem bekannten Menschen nähern. Beim ersten Mal sollten Sie ihm die

Zahme Kanarienvögel verfolgen neugierig alles, was ihr Besitzer tut

Chance geben, den Leckerbissen in der Nähe Ihrer Hand zu erwischen. Passiert ihm dabei nichts, wird er beim nächsten Mal viel gezielter vorgehen, bis er sich schließlich auf die Hand wagt.
Die Schulter und der Kopf sind die nächsten Punkte, die ein zahmer Kanarienvogel gerne anfliegt. Die immer gleichen Laute flößen ihm Vertrauen ein, bald wird er antworten, und schließlich wird er es sein, der Ihre Gesellschaft sucht, der Ihnen nachfliegt, wohin Sie auch gehen. Wenn Sie ihm ab und zu einen Leckerbissen geben, vertieft es diese Freundschaft noch. Wenn Sie wollen, können Sie Ihrem Kanarienvogel jetzt die ganze Wohnung als Revier ein-

räumen, vorausgesetzt, Sie haben alle Zimmer vogelgerecht gesichert.
Lassen Sie sich durch nichts dazu verleiten, Ihren Vogel mit der Hand oder dem Kescher zu fangen. Der Schock darüber läßt ihn seine Zahmheit vergessen, schlimmstenfalls müssen Sie wieder ganz von vorne anfangen. Will der Vogel mal partout nicht in seinen Käfig zurück, warten Sie den Abend ab, denn dann sucht er seine vier Wände, wo er sich geborgen fühlt, von selbst auf.
Im Notfall, wenn Sie mit Ihrem Vogel zum Beispiel zum Tierarzt müssen, bitten Sie besser einen Freund oder Nachbarn, ihn zu greifen oder zu fangen. Dadurch verbindet er den Schrecken des Gefangenwerdens nicht mit Ihnen, und sein Vertrauen in Ihre Hand bleibt erhalten.

Der Freiflug und seine Gefahren

Freiflug sollten Sie Ihrem Vogel, wenn er sich erst einmal eingewöhnt hat, auf jeden Fall regelmäßig gönnen, denn er braucht nicht nur Abwechslung, sondern auch die Möglichkeit, seine Flugmuskulatur zu trainieren. Allerdings gilt es einige Vorsichtsmaßregeln zu treffen.

So wichtig regelmäßiger Freiflug für einen Kanarienvogel ist, lassen Sie ihn nie allein und unbeaufsichtigt fliegen

Der Vogel ist zwar an seinen Bauer gewöhnt, vom Zimmer dagegen kennt er nur den Teil, den er von seinem Käfig aus sehen kann. Seinem Instinkt folgend, würde er gegen das Licht fliegen und damit meist gegen die Fensterscheibe, wenn Sie das nicht vorsorglich verhindern würden. Dafür genügt es schon, eine Gardine oder einen Vorhang vor diesen hellsten Punkt im Zimmer zu hängen. Ein Glastisch sollte mit einer Decke und Spiegel während der ersten Freiflüge mit einem Tuch bedeckt sein. Selbstverständlich dürfen weder Kerzen noch ein Kaminfeuer brennen oder der Herd in der Küche angeschaltet sein, die Verletzungsgefahr ist zu groß. Daß die Fenster fest geschlossen sein müssen, also auch nicht gekippt sein dürfen, damit der Vogel nicht entwischen kann, ist selbstverständlich. Auch die Zimmertür sollte geschlossen sein, denn es genügt, wenn der Vogel erst einmal einen Raum erkundet. Auch enge Spalten zwischen

oder hinter Möbeln müssen gesichert werden. Sollte der Vogel nämlich hineinfallen, wird es schwer, ihn wieder herauszuholen. Und weil ein verschreckter Vogel meist einfach ruhig sitzenbleibt, wird er auch von selber nicht wieder herauskommen. Verlegen Sie den ersten Freiflug vor die gewohnte Futterstunde. Sie können Futter- und Wassernapf auch ruhig eine Stunde vorher entfernen. Damit stellen Sie sicher, daß der Vogel, der nach einer Weile Hunger oder Durst bekommen wird, freiwillig in seinen Käfig zurückkehrt und ersparen sich das für Mensch und Tier unangenehme Einfangen.

Ein Kanarienvogel, der seinen Käfig akzeptiert hat, geht gerne wieder dahin zurück. In den ersten Tagen können Sie das unterstützen, indem Sie, für ihn sichtbar, seine gefüllten Futter- und Wassernäpfe wieder einhängen, sobald er draußen ist. Natürlich dürfen Sie ihn dann während des Freiflugs, wenigstens am Anfang, nicht füttern.

Noch etwas müssen Sie bedenken, wenn Sie Ihren Vogel frei fliegen lassen: Kanarienvögel lieben alle Grünpflanzen. Wenn Sie also nicht wollen, daß jeden Tag ein paar Blätter gekappt oder frische Blüten zerknabbert werden, verwehren Sie es ihm von Anfang an. Eine hektische Bewegung in Richtung Pflanzen oder ein Händeklatschen genügen meistens schon, um ihm einen Schrecken einzujagen und nach einigen Tagen hat er kapiert, daß jedesmal ein unangenehmes Erlebnis folgt, wenn er sich an den Pflanzen zu schaffen macht. Sorgen Sie außerdem dafür, daß er genügend

Viele Zimmerpflanzen sind für einen Kanarienvogel giftig. Achten Sie deshalb beim Freiflug darauf, daß er nichts anknabbert

Grünkost im Käfig hat, dann muß er seinen Appetit nicht an den Topfblumen stillen.

Die ersten Freiflugzeiten wird der Sänger nutzen, um sich ideale Aussichtspunkte, Anflugsitze und Fluchtwege zu suchen, ein Instinktverhalten, das jeder Vogel in einem neuen Revier zeigt. Liegen seine Flugrouten fest und kennen Sie die Lieblingsplätze Ihres Vogels, brauchen Sie darunter nur ein Zeitungsblatt zu legen oder eine Schale zu stellen, und die unschönen Kotflecken lassen sich nach jedem Ausflug ohne Aufhebens beseitigen, denn stubenrein werden Kanarienvögel nicht.

Natürlich müssen Sie auch darauf achten, daß Haushaltsgifte wie Reinigungs-

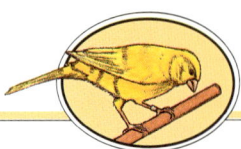

mittel, Kosmetika, Medikamente und Alkohol für den Kanarienvogel nicht erreichbar sind.

Vasen und andere Gefäße mit engen Öffnungen bilden eine weitere Gefahrenquelle, da der Vogel schnell hineinrutschen aber sich aus eigener Kraft nicht befreien kann. Auch offenstehende Schubladen können zu einer Todesfalle werden, wenn Sie Ihren Kanari aus Versehen einschließen und nicht rechtzeitig wieder befreien.

Da die meisten Kanaris leidenschaftlich gern baden, sind gefüllte Vasen, Wassereimer oder ein nicht abgedecktes Aquarium weitere Gefahrenquellen. Wie schnell ist so ein kleiner Vogel jämmerlich ertrunken.

Lassen Sie Ihren Kanarienvogel, auch wenn er ganz zahm ist, also nie ohne Aufsicht frei fliegen. Er ist schließlich ein Winzling, leicht zu übersehen und es gibt eine Reihe von Stubenvögeln, die durch Zuschlagen einer Tür, durch Zertreten, sogar in der Wasch- oder Spülmaschine schwer verletzt worden oder zu Tode gekommen sind.

Wenn Sie eine Katze oder einen Hund haben, gehen Sie bitte kein Risiko ein. Auch eigentlich wohlerzogene Tiere können manchmal der Versuchung nicht widerstehen, zuzuschnappen oder die Krallen zu gebrauchen, wenn der gefiederte Knirps in unmittelbarer Nähe vor ihnen landet. Verlassen Sie sich nicht auf den Fluchtinstinkt des Vogels. Ihr Kanarienvogel hat volles Vertrauen zu Ihnen, er hat seine Vorsicht längst abgebaut und ist der Überzeugung, daß ihm bei Ihnen nichts passieren kann. Beim Freiflug müssen Hunde und Katzen deshalb ausgesperrt werden.

Ein paar Worte zur Zucht

Die Kanarienzucht ist eine Wissenschaft für sich, und es ist nicht das Anliegen dieses Buches, detailliert auf alle diesbezüglichen Probleme einzugehen. Wenn Sie den Ehrgeiz haben, Ihre Kanarienvögel gezielt auf Gesang, Farbe oder Gestalt zu züchten, sollten Sie in einen Verein eintreten und sich Fachliteratur über Rassen und Farbschläge, Erbanlagen und Vererbungslehre zulegen. Dann genügt es auch nicht, ein Pärchen seine Jungen großziehen zu lassen. Sie müssen aus einem Zuchtstamm sorgfältig passende Partner zusammensetzen. Dieses Buch richtet sich an die, die ein- oder zweimal im Jahr Nachwuchs möchten, denen der Zufall ein brutfreudiges Pärchen beschert hat oder die ihrem Einzelvogel wegen Zeitmangel einen Partner gönnen und mit Jungtieren rechnen müssen.

Auch diese Hobbyzüchter müssen schon vorher bedenken, daß die Jungvögel einen Platz brauchen, wo sie willkommen sind, daß sie mit acht und mehr Jungvögeln pro Jahr rechnen müssen, und daß

sie während der Brutzeiten noch ein bißchen mehr Zeit für ihre Vögel aufbringen müssen als sonst. Die Belohnung für das Mehr an Mühe läßt auch nicht auf sich warten: einen turtelnden Hahn zu beobachten, einer fleißigen Henne beim Nestbau zuzuschauen, dabei zu sein, wenn die liebevollen Eltern ihre Küken auf das Leben vorbereiten, bringt genauso viel Freude wie das Schauspiel der unbeholfenen, bettelnden Küken und ihre ersten Flug- und Singversuche.

Bevor Sie dem Kanarienpärchen ein Nest in den Käfig hängen, sollten Sie bedenken, daß Stubenvögel während der Brutzeit viel Pflege und Betreuung brauchen

Voraussetzungen für die Zucht

Damit die Zucht reibungslos klappt, sollte der Käfig mindestens die Maße 80x60x40 cm haben. Als Nisthilfe können Sie die im Fachhandel erhältliche Ton-, Draht- oder Plastiknester anbieten. Diese werden entweder innen oder außen (dann mit Drahtgitter versehen) eingehängt. Je höher die Nester im Käfig angebracht werden, desto eher werden sie von den Weibchen akzeptiert, da sie ihr sicherer erscheinen.

Die Brutzeit der Kanarien beginnt im Februar oder März, wenn der Hahn zu singen anfängt. Setzen Sie das Nest nicht vorher ein. Als Nestbauhilfen geben Sie Scharpie und ein paar Heuhal-

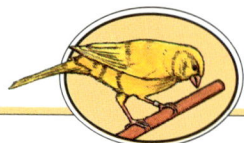

me in den Käfig. Im Idealfall begleitet jetzt der Hahn sein Weibchen während der Nestbauphase mit Gesang. Es gibt aber auch liebestolle Kanarienhähne, die ihren Weibchen keine Ruhe lassen, sie ständig befliegen und manchmal sogar verletzen. In solchen Fällen müssen Sie den Hahn in einen zweiten Käfig geben, in Hörweite des Weibchens stellen und warten, bis sie ihr Nest halbwegs fertiggestellt hat. Danach können Sie den stürmischen Liebhaber wieder zu ihr lassen. Sobald der Hahn seiner Partnerin Futter anbietet und sie es willig annimmt, harmoniert das Paar.

Eiablage und Brutzeit

Der Hahn wird seine Henne mehrmals in einer Woche befliegen und eines Morgens wird sie ruhig in Nestnähe oder im Nest sitzen: die Eiablage steht bevor. Während die wilden Kanariengirlitzweibchen erst nach Ablage ihres letzten Eies zu brüten beginnen, bebrütet das domestizierte Kanarienweibchen bereits das erste Ei. Das bedeutet, daß die Küken nicht gleichzeitig, sondern im Abstand der Eiablage schlüpfen. Das älteste wird den Rachen immer am weitesten aufsperren und die Mutter wird es deshalb am besten füttern – ein sicheres Todesurteil für die später geschlüpften Küken.

Um das zu verhindern, müssen Sie die ersten drei Eier – am besten jeweils morgens zwischen 7 und 9 Uhr – aus dem Nest nehmen und gegen die im Zoofachhandel erhältlichen Kunsteier austauschen. Die echten Eier legen Sie vorsichtig in eine mit Watte gefütterte Schachtel, die nicht geschüttelt werden darf. Erst wenn das Weibchen sein viertes Ei gelegt hat, tauschen Sie die Kunsteier wieder gegen die echten Eier aus. Jetzt werden alle Eier gleichzeitig ausgebrütet und die Jungen schlüpfen nach 13–14 Tagen Brutzeit gleichzeitig.

Während dieser Bruttage füttert der Hahn sein Weibchen fleißig. Sie sollten jetzt schon Aufzuchtfutter aus dem Fachhandel unter das gewohnte Futter mischen, um die Altvögel daran zu gewöhnen.

Die Aufzucht der Jungen

Sind die Jungen geschlüpft, versorgt der Hahn sein Weibchen weiter, bis sie nach etwa acht Tagen zum ersten Mal das Nest verläßt und sich selbst auf Futtersuche begibt. Kontrollieren Sie dann den Zustand der Jungtiere und entfernen

Wenn das Nest fertig und die Eiablage beendet ist, beginnt das Weibchen zu brüten

Die zunächst noch nackten und blinden Küken werden vom Weibchen gefüttert

Bald wird es mit dem Heranwachsen der Küken recht eng im Nest. Hier handelt es sich um Pariser Trompeter und deren Familienidyll

Sie unbefruchtete Eier oder – auch das kommt vor – tote Küken. Die Kleinen sind nackt und in den Kröpfen können Sie die eingestopfte Aufzuchtnahrung erkennen. In den ersten Tagen nach dem Schlüpfen empfiehlt es sich, das Badehaus zu entfernen und nur wenig Grünfutter anzubieten, um die Küken vor Durchfällen oder Durchnässung zu schützen. Ab dem achten Tag aber füttern Sie so abwechslungsreich und üppig wie nötig, denn die Kleinen fordern viel Nahrung. Keimfutter, Grünzeug, mit Vitaminen angereichertes Trinkwasser und eiweißreiche Kost fördern ihr Gedeihen sehr.

Junge Vögel entwickeln sich schnell und nach 14 Tagen sind die nackten Winzlinge zu kugelrunden Federknäueln herangewachsen. Weil jetzt beide Eltern füttern, werden Sie schnell größer und bald platzt das Nest aus allen Nähten. Anfangs säubern die Eltern den Nestboden von Kot, doch mit dem Heranwachsen der Jungen wird ihnen das unmöglich. Die Kleinen setzen den Kot zwar über den Nestrand ab, es ist aber kaum zu verhindern, daß Reste davon am Rand kleben bleiben. Versuchen Sie, möglichst ohne die Vögel zu verstören, diese Reste aus Hygienegründen regelmäßig zu entfernen.

Die zweite Brut

Ab dem 14. Tag sollten Sie ein zweites Nest, möglichst schon mit Scharpie und Heuhalmen vorgebaut, in den Käfig hängen. Jetzt besteigt der Hahn die

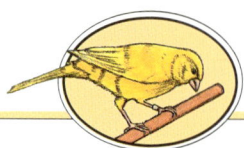

Während die Jungvögel der ersten Brut noch vom Vater betreut werden, beginnt das Weibchen schon erneut zu brüten

Henne nämlich erneut und sie beginnt mit der zweiten Brut. Keine Angst, die »alten« Jungen werden weiter versorgt und gefüttert. In der Regel besorgt das jetzt der Hahn alleine, gleichzeitig füttert er auch sein Weibchen, das mit Nestauspolsterung und Eiablage beschäftigt ist. Vergessen Sie allerdings nicht, auch bei der zweiten Brut die ersten drei Eier auszutauschen und erst wieder zuzugeben, wenn das letzte Ei gelegt ist.

Wenn Sie den Alttieren kein zweites Nest anbieten, werden sie die ersten Jungvögel aus dem Nest drängen, da sie den Platz für die zweite Brut brauchen. Die unfertigen und halbbefiederten Küken hüpfen dann ziemlich hilflos auf dem Käfigboden herum. Sie werden zwar weiter versorgt, gedeihen aber nicht so gut wie im Nest. Bei einem harmonierenden Paar ziehen die Altvögel zuverlässig beide Bruten groß. Es kann aber auch vorkommen, daß der Hahn sein Weibchen so penetrant belästigt, daß sie kaum noch Zeit zur Fütterung der Jungen hat. In solchen Fällen nehmen Sie ihn bitte tagsüber aus dem Käfig und gönnen der erschöpften Doppel-Mutter ein bißchen Ruhe.

Züchter bedienen sich manchmal der Methode der Wechselhecke. Ein Hahn versorgt bei dieser Methode mehrere Hennen gleichzeitig. Er wird dann nur zur Begattung in den jeweiligen Käfig gegeben. Die Mütter übernehmen die Aufzucht der Jungen alleine. Für die Weibchen bedeutet die Wechselhecke eine große körperliche Anstrengung. Mehr als zwei Bruten pro Jahr dürfen Sie ihr dann nicht zumuten, denn sonst droht der Erschöpfungstod.

Die Jungen werden flügge

Im Alter von etwa 20 Tagen beginnen die Jungvögel mit den ersten Versuchen, alleine zu fressen. Je abwechslungsreicher jetzt das angebotene Futter ist, desto problemloser wird später einmal die Fütterung werden, denn

auch Kanarienvögel sind Gewohnheitstiere. Was sie jetzt kennenlernen, werden sie auch später zu schätzen wissen. Sie orientieren sich bei der Futtersuche nach den Eltern und picken an allem herum, das eben noch der Elternschnabel bearbeitet hat. Kommt ein Alttier dem Küken näher, wird es sich aufrichten, mit beiden Flügelstummeln schlagen und dabei piepsend betteln – auch wenn es schon selbständig frißt. Die Jungen betteln sich auch gegenseitig an – ohne Erfolg natürlich. Das Schwanzgefieder, beim Verlassen des Nestes noch nicht vorhanden, wächst jetzt allmählich. Sind die Schwanzfedern nach ungefähr vier Wochen etwa 2 cm lang, können Sie die Kleinen in einen eigenen Käfig geben. Auf jeden Fall müssen sie spätestens dann entfernt werden, wenn der Vater anfängt, die Junghähne zu attackieren. Nach zwei Bruten entfernen Sie bitte alle Nester aus dem Käfig der Alttiere, um das Weibchen von einer erneuten Brut abzuhalten. Die Vögel brauchen jetzt eine Erholungspause und außerdem wird bald die Mauser einsetzen, die parallel zur Jugendmauser der Küken verläuft. Nähert sich die Mauser dem Ende, wird der »alte« Hahn zu singen beginnen, und Sie können jetzt bei Ihren Jungvögeln hören, ob Hähne dabei sind. Diese orientieren sich bei ihren Gesangsstudien zum Abschluß der Mauser am Vater und singen mit ihm um die Wette. Sie sollten sich die Freude gönnen zu erleben, wie aus den holprigen Tönen eine unsichere stotternde Melodie wird und schließlich nach eifrigem Üben der Kleine schon fast so gut wie sein Vater singt.

Denken Sie daran, daß Kanarienhähne ihre Reviere brauchen. Kurz vor Jahresende müssen Sie die Junghähne unbedingt trennen, wenn Sie keine Raufereien wollen. Setzen Sie auch nach Möglichkeit keine Geschwister als Paare zusammen. Durch Inzucht können sogenannte letale Erbfaktoren zum Tragen kommen und die Jungen der nächsten Generation sind eventuell nicht überlebensfähig.

Ausblick

Oft ist es bereits der erste Nachwuchs, der aus Hobbyzüchtern passionierte Kanarienzüchter macht. Denn es kann passieren, daß die Jungvögel sich nach ihrer Jugendmauser in einem überraschenden Gefiederkleid präsentieren: in anderen Farbtönen als die Eltern, vielleicht mit Zeichnungen, die Sie noch nie gesehen haben oder sogar mit Haube. Dann allerdings, wenn der Ehrgeiz Sie gepackt hat, sollten Sie sich grundlegend über Vererbungsfaktoren informieren, bevor Sie ernsthaft weiterzüchten.

Wenn Vögel krank werden

Was tun im Krankheitsfall?

Auch bei noch so hygienischer Haltung und optimaler Fütterung kann es passieren, daß Ihr Kanarienvogel einmal krank wird. Je besser Sie den kleinen Sänger kennen, desto eher werden Ihnen Abweichungen von seinem normalen Verhalten auffallen. Vögel zeigen immer erst sehr spät echte Krankheitssymptome. Achten Sie deshalb routinemäßig auf den Kot, denn wenn er wäßrig ist, kann das ein erstes Anzeichen für eine Erkrankung sein.
Weitere Alarmsignale sind:
- aufgeplustertes Gefieder
- Teilnahmslosigkeit
- übermäßiges Schlafbedürfnis
- Appetitlosigkeit
- stoßweiser Atem
- totale Verweigerung von Futter und Wasser

Es ist schon für den Tierarzt und Züchter nicht leicht, die richtige Diagnose zu stellen, für einen Laien aber ist es fast unmöglich. Versuchen Sie deshalb auf keinen Fall, den Vogel erst selbst zu behandeln, bevor Sie einen Tierarzt zu Rate ziehen. Als Erste-Hilfe-Maßnahme sollten Sie dafür sorgen, daß der Vogel genügend Wärme bekommt, damit er nicht noch weiter geschwächt wird. Züchter besitzen meist eine eigene Vogelkrankenbox, die Sie sich natürlich auch zulegen können, wenn Sie mehrere Vögel haben. Meistens aber müssen Sie sich mit »Hausmitteln« helfen: Wärmen Sie den Käfig mit einer Schreibtischlampe (40 W) so, daß der Vogel, wenn er wärmebedürftig ist, sich direkt in eine Käfigecke, über der die warme Birne strahlt, begeben kann, daß er aber auch die Möglichkeit hat, der Hitze auszuweichen.

Bei Durchfällen erleichtert eine Kotprobe Ihrem Tierarzt die Diagnose. Leeren Sie dazu den Käfigboden völlig, entfernen Sie auch den Sand und bedecken Sie den Boden dann mit einer Lage Schreibmaschinenpapier. Sobald der Vogel Kot abgegeben hat, nehmen Sie das Papier heraus und heben den Kot

Eine Krankenbox mit einer Wärme- und Luftfeuchtigkeitseinrichtung wie Züchter sie haben

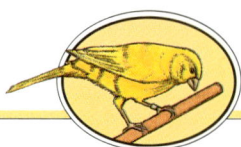

mit einem Messer ab. In einem sauberen Marmeladenglas oder einem alten Tablettenröhrchen aus Glas können Sie die Probe dann zum Tierarzt bringen. Nehmen Sie außerdem immer eine Trinkwasser- und Futterprobe und – wenn möglich – eine Probe des letzten Bodenbelags vor der Erkrankung mit zum Tierarzt. Auch den Käfig sollten Sie mitnehmen. Darin darf der Kanarienvogel allerdings nicht transportiert werden, denn das aufgeregte Herumflattern würde ihn zusätzlich so schwächen, daß er eventuell den Weg nicht überlebt.

Setzen Sie Ihren Patienten also in eine dunkle, kleine Schachtel, die ihn am Herumflattern hindert, ihm aber Luft läßt. Wenn Sie die Box, in der Sie ihn gekauft haben, noch besitzen, leistet diese gute Dienste. An kalten oder regnerischen Tagen müssen Sie für ausreichende Transportwärme sorgen. Geben Sie die Box dann in einen Korb, in dem eine mit Tüchern abgedeckte Wärmflasche den Boden ausreichend beheizt.
Die wichtigsten und häufigsten Erkrankungen bei Kanarienvögeln finden Sie im Anschluß.

Die häufigsten Krankheiten – Symptome und Ursachen

Aspergillose

Schwerer hechelnder Atem und Abmagerung trotz ausreichender Futteraufnahme sind Anzeichen dieser Pilzerkrankung. Verpilztes Futter ist die Hauptursache für die Aspergillose. In Lunge und Darm können sich die Pilze schnell vermehren und ohne Behandlung sogar zum Tode des gefiederten Patienten führen.
Vorbeugend sollten Sie immer darauf achten, daß das Futter fettigglänzend ist, nicht zu lange gelagert wird und niemals längere Zeit offen herumsteht. Wärme und Feuchtigkeit begünstigen die Pilzbildung. Wenn diese Krankheit rechtzeitig erkannt wird, kann der Tierarzt helfen. Um eine Neuinfektion zu vermeiden, müssen Sie zudem Käfig und alles Zubehör gründlich desinfizieren.

Augenerkrankungen

Meist ist es nur eine harmlose Bindehautentzündung, die durch Zugluft hervorgerufen wird und zu tränenden oder verklebten Augen führt. Mit einer Kamillenlösung können Sie die Heilung beschleunigen.
Klingen die Krankheitssymptome nach zwei Tagen nicht ab, müssen Sie eine Bakterien – oder Virusinfektion in Betracht ziehen und den Tierarzt aufsuchen.

Durchfall

Temperaturschwankungen, verfaultes Futter und plötzliche Aufregung sind oft die Ursache für harmlose Durchfälle. Eine gute Erste-Hilfe-Maßnahme ist die Zugabe von etwas Vogelkohle zum Futter und etwas Kamillentee zum Trinkwasser. Gleichzeitig sollten Sie Ihren Kanarienvogel warm halten, damit er nicht zuviel Kraft verbraucht. Wenn der Durchfall allerdings nicht innerhalb von 48 Stunden aufhört, sollten Sie unbedingt den Tierarzt aufsuchen. Der kleine Vogel verliert sonst zuviel Flüssigkeit und Mineralstoffe. Eine mitgebrachte Kotprobe (siehe Seite 49) erleichtert dem Tierarzt die Diagnose und ermöglicht ihm eine gezielte Behandlung.

Fettleibigkeit

Zuviel und zu fettreiche Ernährung (Sonnenblumenkerne, Hanfsamen) und zuwenig Bewegung führen bei Kanarienvögeln oft zu Übergewicht. Die Folgen sind lustloses Herumsitzen, schwerfälliger Flug bis hin zur Flugunfähigkeit, weil die Muskeln zu schlaff und das Gewicht zu groß ist.
Zu fette Kanarienvögel singen nicht mehr, und in besonders krassen Fällen wird die Atmung mühsam.
Setzen Sie in einem solchen Fall Ihren Vogel vorsichtig auf Diät. Jede krasse Futterumstellung führt unweigerlich zu Darmstörungen und jede Nulldiät zum sicheren Tod.
Vögel dürfen nicht hungern, reduzieren Sie deshalb zunächst das gewohnte Futter nur wenig und bieten Sie statt dessen vermehrt Frischkost an. Regen Sie den Vogel zum Fliegen, zum Hüpfen und anderen Beschäftigungen an. Aber überfordern Sie ihn nicht, denn wer sich in vielen Monaten eine Fettschicht angefressen hat, kann diese nicht in wenigen Wochen verlieren. Eine erprobte Züchterdiät ist Zwieback mit etwas Milch getränkt und mit Mohn, den Sie darauf streuen, gewürzt.

Prüfung des richtigen Ernährungszustandes eines Vogels

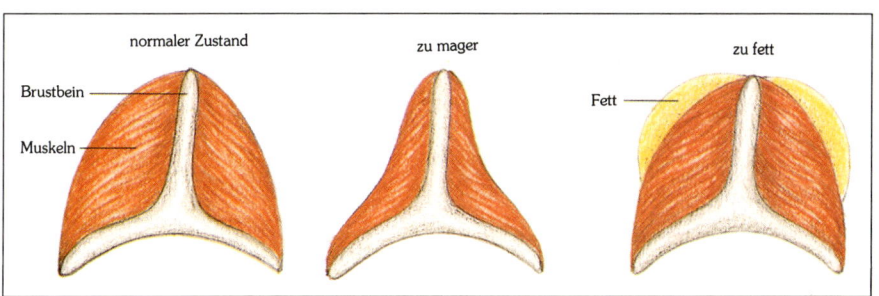

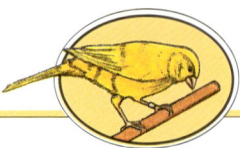

Kanarienpocken

Diese heimtückische Krankheit wird durch einen Virus hervorgerufen und führt fast immer zum Tode. Bei einzeln gehaltenen Vögeln tritt sie fast nie auf, und Züchter können ihre Bestände gegen die Pocken impfen lassen. Symptome sind gelblich-weiße Knötchen an Kopf, Brust, Flügeln und Zehen. Gleichzeitig leidet der Vogel unter starker Atemnot und schleimigem Auswurf.

Erste Anzeichen für die heimtückischen Kanarienpocken sind Knoten und Schwellungen

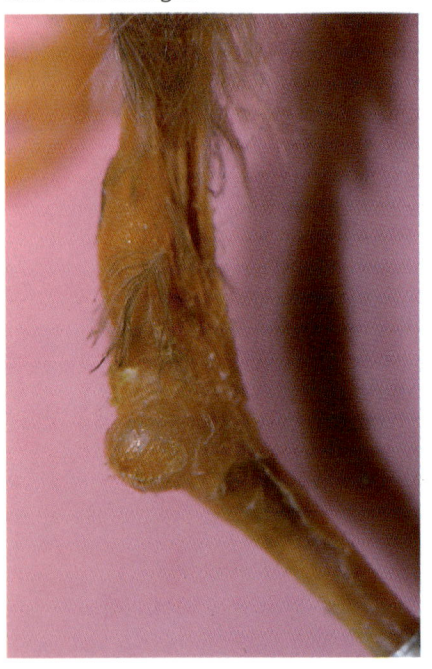

Legenot

Leider kommt es immer wieder vor, daß ein Ei im Eileiter steckenbleibt und nicht den Weg nach draußen findet. Legenot wird vor allem jungen, schwachen, kranken Weibchen und solchen, die zu oft zur Zucht angeregt werden, zum Verhängnis. Die Tiere sitzen dabei in der Regel breitbeinig auf dem Boden, machen einen erschöpften Eindruck. Schwanzbewegungen deuten auf die Anstrengungen, sich des Eies zu entledigen, hin. Kalkarmes Futter, Kälte, zu große Eier oder eine genetische Veranlagung sind die Ursache. Dies ist ein echter Notfall, denn der Darm wird regelrecht eingeklemmt, so daß der Vogel auch keinen Kot absetzen kann. Sofortige Wärmezufuhr ist wichtig. Der Tierarzt bringt das Weibchen durch Massage zum Ablegen.

Mauserstörungen

Zwischen Juli und Oktober mausern sich die Kanarienvögel, wobei das alte Federkleid erneuert wird. Die Mauser ist keine Krankheit, sondern ein natürlicher Vorgang. Bei ausgewogen ernährten und gesunden Kanarien vollzieht sie sich störungsfrei.
Ist ein Vogel allerdings, vielleicht durch vorangegangene anstrengende Jungenaufzucht, durch zuviel Streß oder falsche Fütterung, ohnehin geschwächt, kann es zu Mauserstörungen kommen. Die häufigste davon ist die *Stockmauser*. Das erneuerte Gefieder ist matt, einzelne Federn werden gar nicht mehr er-

neuert und manche Vögel verlieren ihre Flugfähigkeit. Der Gesang, der während der Mausermonate verstummt, lebt dann auch im Frühjahr nicht mehr auf. Durch mineralstoff-, vitamin- und eiweißreiche Kost helfen Sie dem Vogel, sich zu regenerieren. Mischen Sie unter viel Grün- und Obstfutter etwas hartgekochtes Ei oder zerkleinertes Eierbiskuit, reichern Sie das Trinkwasser mit einem Vitamin-Mineralstoff-Gemisch an und sorgen Sie für genügend Luftfeuchtigkeit im Raum. Vögel mit Mauserstörungen sollten so oft wie möglich baden. Tun sie es nicht freiwillig, duschen Sie Ihren Patienten mit einer Blumenspritze, in die Sie abgekochtes, lauwarmes Wasser füllen, einmal pro Tag kräftig ab. Achten Sie aber darauf, daß er danach keine Zugluft abbekommt. Zu trockene Heizungsluft im Winter kann ebenfalls zu einer Unterbrechung der Mauser führen. Ein Feuchtigkeitsspender oder Wasserverdunster sollte deshalb in Käfignähe für genügend Luftfeuchtigkeit sorgen.
Unvollständige Mauser oder Gesangsstop nach vollendeter Mauser, kommt bei vielen Einzelkanarienvögeln vor. Die Ursache ist eine weitere »Zivilisations«-Krankheit, nämlich Fettleibigkeit.

Ungezieferbefall

Ständiger Juckreiz und damit verbundenes Kratzen am ganzen Körper deuten auf Ungezieferbefall hin. Ob die *Rote Vogelmilbe* der Verursacher ist, läßt sich leicht feststellen. Bedecken Sie den Käfig über Nacht mit einem weißen Tuch, und suchen Sie dieses am nächsten Morgen auf kleine Pünktchen ab. Ist der Vogel von der Roten Vogelmilbe befallen, wird Ihnen der Tierarzt einen Puder oder eine Waschlösung verschreiben. Gleichzeitig müssen Sie aber den Käfig und die Käfigeinrichtung desinfizieren. *Federlinge* schädigen den Vogel nur, wenn er geschwächt, krank oder zu sehr gestreßt ist. Auch gegen diese Schmarotzer verschreibt Ihnen der Tierarzt einen Puder oder eine Waschlösung.
Die *Luftsackmilbe* gehört zu den tückischen Parasiten. Atemnot, ein ständig geöffneter Schnabel und apathisches Herumsitzen sind mögliche Anzeichen für einen solchen Befall. Die Diagnose ist äußerst schwierig. Ist der Befall nachgewiesen, kann der Tierarzt helfen.
Milben sind auch Ursachen für die sogenannten *Kalkbeine*. Die Parasiten sitzen zwischen den Hornschuppen und verursachen unerträglichen Juckreiz, gegen den der Vogel sich durch Scheuern der Beine oder ständiges Picken mit dem Schnabel zu wehren versucht. Mit einer Spezialsalbe vom Tierarzt befreien Sie Ihren Vogel davon.

Verletzungen

Beim Freiflug im Zimmer oder beim aufgeregten Herumflattern im Käfig kann der Vogel sich verletzen. Erste Hilfe sollten Sie nur bei leichten Verletzungen leisten, *Brüche, Zerrungen* und *starke Blutungen* müssen unbedingt vom Tierarzt behandelt werden.

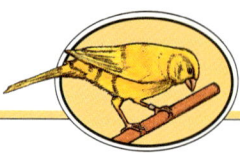

Ist Ihr Sänger gegen eine Scheibe geflogen und wirkt danach benommen, hat er vermutlich eine *Gehirnerschütterung*. Setzen Sie ihn in einen dunklen Raum oder decken den Käfig ab und halten ihn einige Tage völlig ruhig. Hechelt er nach einem Fensteraufprall, nehmen Sie ihn vorsichtig in die Hand und massieren Sie seine Kehle mit zwei Fingern, bis er wieder ruhig atmet.

Das Spielen mit dem Ring führt häufig zu Verletzungen

Kleinere *Blutungen* bringen Sie schnell zum Stillstand, wenn Sie sie mit »Hoffmann'scher Watte« oder einer »EisenIII-Chlorid-Lösung« aus der Apotheke benetzen. In den meisten harmlosen Fällen brauchen Sie nicht einmal das zu tun, denn die Wundheilung bei Vögeln verläuft schnell. Blutet Ihr Vogel, vermeiden Sie auf jeden Fall Aufregungen für ihn, denn dadurch verstärkt sich die Blutung nur noch.

Auch die *Fußringe* führen manchmal zu Verletzungen. Schwillt das beringte Bein an oder verfärbt es sich, lassen Sie den Ring vom Tierarzt entfernen. Versuchen Sie es nicht selbst, nur der erfahrene Züchter kann den Ring mit einer Spezialschere lösen. Ein unerfahrener Vogelhalter bricht dem Patienten dabei nur zu leicht den Fuß.

Verstopfung

Zuwenig Bewegung, zu viel fettes und falsches Futter oder die Aufnahme von Fremdkörpern können zu Verstopfung führen. Dabei sitzen die Vögel aufgeplustert und apathisch herum, versuchen mit dem Schnabel den Kot aus der Kloake zu entfernen. Helfen Grünfutter und ein Tropfen Speiseöl nichts, müssen Sie den Tierarzt um Hilfe bitten.

Zuchtrichtungen und Rassen

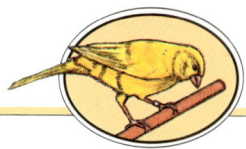

Die Gesangskanarien

Wir haben bereits gehört, daß schon in den Anfängen der Kanarienhaltung die Züchter unterschiedliche Kriterien hatten: die einen förderten die Stimme, andere versuchten neue Farben zu kreieren und eine weitere Gruppe nahm sich der Form des Vogels an. Bis heute kennt man über 130 verschiedene Kanarienrassen, die in drei Hauptzuchtrichtungen eingeteilt werden: Gesangs-, Farben- und Gestalt- oder Positurkanarien. Bei der Zucht der Gesangskanarien wurde – wie der Name schon sagt – besonderer Wert auf den reinen, fehlerfrei vorgetragenen Gesang gelegt.

American Singer

Dieser Vogel ist eine Besonderheit, denn er hat einen schönen Gesang, ein weiches Gefieder und eine besonders gute Haltung. Damit scheint er alle gewünschten Zuchtqualitäten auf einmal in sich zu vereinen. Leider ist der American Singer außerhalb seines Zuchtgebiets Amerika noch sehr selten.

Belgischer Wasserschläger

Dieser Vogel wird auch Mechelner Kanarienvogel genannt. Er ist etwas größer und kräftiger als der Harzer Roller, aber von ähnlicher Gestalt. Er hat einen zwar nicht so volltönenden, dafür aber mehr schluchzenden Gesang.

Harzer Roller

Er ist wohl der bekannteste und beliebteste Vertreter der Gesangskanarien und wird auch Edelroller genannt. In Tirol schulte man die »Roller«, indem man den Junghähnen Nachtigallen als Vorsänger in Bauernähe setzte. Bei allen Singvögeln lernen nämlich die jungen Männchen den Gesang von ihren Artgenossen, meist von den Vätern. Das nutzten die ersten Züchter aus, indem sie statt der Elterntiere einfach eine Nachtigall oder einen besonders guten Sänger zu den Junghähnen setzten. Um Maßstäbe für die Gesangsqualität zu finden, teilte man die Vogelmelodie in verschiedene Gesangsstrophen oder Touren ein. Ein perfekter Harzer Roller singt vier Haupt- und vier Nebentouren – und das auch noch in einer bestimmten Reihenfolge.

Die Haupttouren sind die Hohlrolle, die dem Vogel auch seinen Namen gab, die Knorre, die Pfeife und die Hohlklingel. Die Nebentouren werden Wassertour, Klingel, Schocke und Klingeltour genannt.

Die Hohlrolle klingt wie ein tiefes rürürü, rururu oder rororo, wobei das »r« stark gerollt wird. In der Knorre soll ein fehlerfreier Sänger die Laute rororo bis kurr vortragen. Der Pfeifen-Vortrag hört sich wie düdüdü oder dududu an und die Hohlklingel läßt sich mit lülülü oder lololo umschreiben. Durch ständige Zuchtauslese – das heißt, daß nur ein-

Harzer Roller

Wenn Sie einen solchen perfekten Gesangsstar einmal hören wollen, besuchen Sie am besten eine der vielen Meisterschaften für Gesangskanarien, die im Winter allerorts ausgetragen werden. Fast in jeder Stadt gibt es einen Kanarienverein, wo man Ihnen die Termine nennen kann. Sie selbst brauchen Ihrem Gesangskanarienvogel keinen Unterricht mehr zu geben. Er hat sein Studium in seiner Jugend bereits beendet und beherrscht seine »Rollen«.

Timbrado

Dieser Vogel kommt aus Spanien und beherrscht die Gesangstour Glocke (spanisch: timbre) besonders gut. Der Timbrado wurde aus dem Edelroller, wilden Girlitzen und den Nachfahren der ersten Kanarienvögel gezüchtet. Er ist heute – außer in seinem Herkunftsland – besonders in den USA beliebt.

wandfrei singende Hähne als Vorsänger oder zur Zucht genommen werden – haben die Gesangskanarien im Laufe der Jahrhunderte eine große Perfektion erreicht. Sie können minutenlang Strophe für Strophe in der gewünschten Reihenfolge und ohne Fehler schmettern.

Die Farbenkanarien

Die zweite große Zuchtrichtung bei Kanarienvögeln sind die Farbenkanarien. Wir zählen heute über 100 Farbschläge. Natürlich singen diese Vögel auch, aber bei einer Ausstellung wird bei ihnen mehr Wert auf fehlerfreie Farben als auf den Gesang gelegt. Farbenkanarien gibt es in Weiß, Gelb, Orange über Rot und Grün, bis hin zu Braun und Grau. Dazu kommen gescheckte Tiere, pastellfarbene und intensiv gefärbte Exemplare.

Eine Untergruppe der Farbenkanarienzucht ist die Mischlingszucht, die heute allerdings nur noch mit Sondererlaubnis gestattet ist. Bei einer Mischlingszucht wird ein Kanarienweibchen mit einem Wildvogelhahn einer anderen Art gepaart und man versucht, auf diese Weise neue Farbschläge zu erzielen. Der Ka-

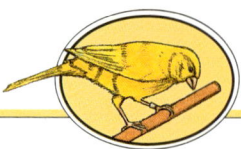

narienvogel gehört zu der Riesenfamilie der Singvögel und innerhalb dieser wiederum zu der Gattung der Hänflinge oder Gimpel, die wissenschaftlich Cardueliden heißen. Mit den meisten Arten seiner Gattung läßt er sich kreuzen, wenn das auch in freier Wildbahn nicht geschieht.

Zur Gattung der Cardueliden gehören zum Beispiel die Stieglitze, Zeisige, Gimpel, Edelfinken, Grünlinge, Kreuzschnäbel und Kleingirlitze. Um aus der Fülle dieser Arten Erbgut in die Kanarienvögel einzuschleusen, hat man Kanarienhennen mit dem Kapuzenzeisig, dem Stieglitz, dem Grünfink, dem Dompfaff, dem Fichtenkreuzschnabel, dem Buchfink und dem Grauedelsänger gepaart. Umgekehrt klappt das übrigens nicht so gut, denn während sich Kanarienhennen durchaus auch vom Gesang artfremder Hähne animieren lassen, bleiben die meisten Hennen artfremder Hänflinge dem Gesang eines Kanarienhahnes gegenüber gleichgültig. Farbenkanarien haben unter ihren Vorfahren fremde Hänflinge. Doch unter dem Zeichen des Artenschutzes, der ein Entnehmen einheimischer Wildvögel für die Zucht verbietet, ist die Carduelidenzucht zurückgegangen.

Insgesamt lassen sich die Farbenkanarien in fünf große Gruppen aufteilen:
1. Aufgehellte
2. Schwarzvögel
3. Achatvögel
4. Braunvögel
5. Isabellvögel

Aufgehellte
(Foto Seite 16, 18)

Diesen Vögeln fehlen alle Dunkelfarbstoffe im Gefieder. Die Schwingen und Schwanzfedern sind nicht mehr dunkel, wie die der Wildvögel, sondern eierschalenfarben oder gar weiß. Außerdem gibt es leuchtende, intensiv gefärbte A-Vögel und nicht so farbintensive B-Vögel. Insgesamt sind heute 15 Farbarten der Aufgehellten bekannt.

Rotschwarz A

Schwarzvögel

Sie werden auch Melaninvögel genannt und tragen den dunklen Farbstoff in ihrem Erbgut. Diese Vögel haben schwarzbraune Schwingen und Schwanzfedern. Außerdem sollen bei den Schwarzvögeln Beine, Füße, Krallen und der Schnabel dunkel gefärbt sein. Von diesen Vögeln sind 21 verschiedene Farbarten bekannt: von grün über rot und gelb bis braun.

Achatvögel

Diese Kanarienvögel zeichnen sich durch eine besonders schöne Gefiederzeichnung mit feinen grauen Strichen aus. Wegen dieser feingemaserten Zeichnung hat man sie nach dem Edelstein Achat genannt. Beine, Füße und Krallen sind grau, ebenso die Schnabelspitze. 18 Farbarten sind heute bekannt, und es gibt sie in allen Grundfarben.

Rotachat B

Braunvögel

Hier wurde durch Mutation der schwarze Farbstoff der Wildvögel in einen braunen umgewandelt. Das Gefieder ist breit bräunlich gestrichelt, und die Schwingen und die Schwanzspitze sind von dunklem Braun. Die Beine, Zehen, Krallen und der Schnabel sollen bei diesen Vögeln bräunlich gefärbt sein. Heute sind 21 Farbarten bekannt und es gibt als Grundfarbe Gold- und Silberbraune.

Silberbraun

Isabellvögel
(Foto Seite 3, 23)

Sie ähneln den Braunvögeln, nur daß bei ihnen aus dem Braun ein sanftes Beige geworden ist. Beine, Zehen, Krallen und der Schnabel sind fleischfarben und 18 Farbarten sind bekannt.

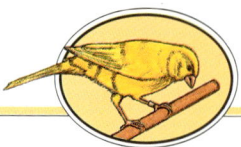

Die Gestaltkanarien

Die dritte große Zuchtrichtung bei Kanarienvögeln sind die Gestalt- oder Positurkanarien. Statt auf Farben und Gesang legt man hier Wert auf Größe, Form und Haltung der Vögel. Der Stammvater aller dieser Rassen, der »Große Kanarie von Gent«, entstand bereits um 1680 und überragte seine Artgenossen mit einer Körpergröße von 19 cm. Er trug glattes Gefieder, aber schon bald zeigten die ersten Kanarien Lockenbildung, es entstanden die »Frisierten Kanarien«. Zu den »Riesen« und den »Frisierten« kommen noch die »Gebogenen« sowie die »Kleinen Glatten«. Insgesamt zählen wir inzwischen 26 verschiedene anerkannte Gestalt- oder Positurkanarien, deren wichtigste auf den folgenden Seiten in alphabetischer Reihenfolge vorgestellt werden. Sie kommen nur vereinzelt in den Handel. Wenn Sie sich für eines dieser Tiere interessieren, müssen Sie sich an Züchter wenden. Auch wenn Sie selbst züchten wollen, sollten Sie Ihre ersten Tiere beim Züchter erstehen, der Ihnen noch viele Tips zur Vererbung geben kann. Denn dieses Kapitel soll Ihnen ja nur einen Einblick in die Farben- und Formenvielfalt der Kanarienrassen geben. Wer mehr wissen will, muß sich eingehend über die Vererbungstheorien informieren und sich über die Standards, das sind die Richtlinien für Farben, Formen und Größen der einzelnen Rassen Auskunft geben lassen.

Bossu Belge

Bossu Belge

Er wird im Volksmund auch Arbeitsvogel genannt und gehört zu den glatten, kleinköpfigen Rassen. Bis auf Rot sind alle Farben erlaubt und die Idealhaltung soll eine »7« sein.

Crested

Er ist etwa 16 cm groß, hat eine Haube und bis über die Schwanzfedern reichende sogenannte Hahnenfedern. Alle Farben bis auf Rot sind erlaubt. Wenn der gleiche Vogel keine Haube hat, wird er Crestbred genannt.

Fife Fancy

Er ist etwa 11 cm groß, ähnelt dem Gloster Consort und alle Farben außer Rot sind erlaubt.

Fiorino

Er gehört zu den kleineren Kanarien, ist etwa 13 cm groß und trägt nordholländische Frisuren. Ihn gibt es mit und ohne Haube.

Giboso Espaniola

Er ist etwa 18 cm groß, hat schwach befiederte Beine und ist an Rücken, Brust und Flanken frisiert. Die Idealhaltung soll eine »1« zeigen – den Kopf neigend.

Gloster Corona
(Foto Seite 3 u. links)

Er ist ein englischer Mini von nur 11 cm Größe. Es gibt ihn in allen Farben, ohne Haube heißt er Gloster Consort.

Japan Hoso

Der Winzling wird in allen Farben außer Rot gezüchtet und zeigt eine gebogene Haltung.

Japan Hoso

Lancashire

Er wird bis 20 cm groß, hat ein glattes Gefieder und wird mit und ohne Haube gezüchtet. Ihn gibt es in Gelb oder Weiß.

Lizard
(Foto Seite 24)

So wird ein Vogel bezeichnet, der eine schuppenförmige Zeichnung aufweist. Diese Zeichnung soll gleichförmig vom Nacken über die Brust laufen und außerdem muß er eine helle, einfarbige Kopfplatte haben.

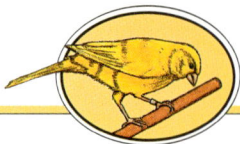

Münchener

London Fancy

Dieser Vogel war ausgestorben, allerdings arbeitet der Autor an seiner Neuzucht. Bei ihm kommt es vor allem auf die Zeichnung an. Er kommt als Dunkelvogel zur Welt und färbt sich dann in Reingelb mit dunklem Untergefieder.

Mailänder
(Foto Seite 9)

Er ist die italienische Variante des Pariser Trompeters. Er ist aber etwa 2 cm kleiner und flacher gelockt. Diesen Vogel gibt es nur in weißen und roten Farbvarianten.

Münchener

Der etwa 16 cm große Vogel hat einen kleinen schmalen Kopf und soll einer abgeknickten Sichel gleichen.

Nordholländer

Er ist etwa 18 cm groß und soll eine aufrechte Haltung zeigen. Er hat ein Federnkörbchen auf Brust und Rücken, das in der Mitte gescheitelt ist.

Norwich
(Foto Seite 36)

Er wird wegen seiner Form auch Eiervogel genannt. Dieser Engländer hat neben der Gänseeifigur auch einen kräftigen, runden Kopf und gehört zu den zutraulichsten Rassen.

Paduaner

Er ist etwa 18 cm groß und hat außer dem gelockten Gefieder eine stark ausgeprägte Federhaube auf dem Kopf. Ihn gibt es in allen Kanarienfarben.

Pariser Trompeter
(Foto Seite 26)

Er gilt als der König der Gestaltkanarien. Dieser älteste und größte Frisurenvogel ist etwa 20 cm groß. Kopf, Brust, Rücken und Schwanz zieren gelockte

Federn, und es gibt ihn in allen Gelb-, Grün- und Scheckenvarianten, nur Rot ist als Farbe unerwünscht. Eine zusätzliche Besonderheit sind die wie Korkenzieher gedrehten Krallen.

Raza Espanola

Der glatt gefiederte Vogel ist etwa 11 cm groß. Ihn gibt es in allen Farben.

Scotch Fancy

Der früher auch Glasgow Don genannte, sichelförmige Haltungsvogel von etwa 17 cm Größe darf alle Farben außer Rot zeigen.

Südholländer
(Foto Seite 3 u. rechts)

Er ist etwas kleiner als sein nordischer Bruder. Die Federanordnung ist die gleiche, nur nicht so stark ausgeprägt, seine Haltung soll eine »7« zeigen – vorgeschobener Kopf bei durchgedrückten Beinen.

Yorkshire
(Foto Seite 1)

Er ist etwa 17 cm groß und wird in allen Farben gezüchtet. Dieser leicht buckelig aussehende Engländer soll volle Wangen, Augenbrauen und einen kleinen Schnabel haben.

Nordholländer

Raza Espanola

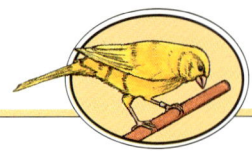

Register
Kursive Zahlen verweisen auf Abbildungen.

Achatvögel 48, 59
American Singer 56
Aspergillose 50
Aufgehellte 16, 18, 58
Aufzuchtfutter 45
Augenerkrankungen 50

Badehaus 30
Belgischer
 Wasserschläger 56
Beringung 22, 23
Blutungen 54
Bossu Belge 60
Braunvögel 3, 59
Brüche 53
Brutzeit 17, 43, 44

Crested 60

Diät 51
Durchfall 51

Eiablage 44
Erste-Hilfe-
 Maßnahmen 49

Farbenkanarien 57–59
Federlinge 53
Fettleibigkeit 51
Fiorino 61
Five Fancy 61
Freiflug 40–42
Futternapf 30

Gefiederpflege 35
Gehirnerschütterung 54
Gehör 14
Geruchssinn 14

Gesangskanarien 10,
 56, 57
Gesichtssinn 14
Gestaltkanarien 60–63
Gloster Corona 3, 61
Grünfutter 31, 32

Harzer Roller 11, 56, 57

Isabellvögel 3, 23, 59

Japan Hoso 61
Jungenaufzucht 44, 45

Käfig, Beleuchtung 28
 –, Einrichtung 29
 –, Mindestmaße 28
 –, Standort 28
Kalkbeine 53
Kanariengirlitz 6, 8, 7–17
Kanarienpocken 52
Keimfutter 32
Kloake 13, 24
Körpertemperatur 12
Kotprobe 49
Krallenschneiden 35
Krankenbox 49
Kunsteier 44

Lancashire 61
Legenot 52
Lizard 24, 61
London Fancy 62
Luftsackmilben 53
Luftsacksystem 12

Mailänder 9, 62
Mauser 17, 31
Mauserstörungen 52

Mischfutter 31
Münchener 62

Nestbauhilfen 43
Nordholländer 62, 63
Norwich 36, 62

Paduaner 62
Pariser Trompeter 26,
 62, 63
Pilzerkrankungen 50
Positurkanarien
 siehe Gestaltkanarien

Raza Espanola 63
Rote Vogelmilbe 53

Schwarzvögel 22, 58
Scotch Fancy 63
Sitzstangen 29, 30
Stockmauser 53
Südholländer 3 u.r., 63

Timbrado 57
Transportbox 25, 50

Ungezieferbefall 53

Verletzungsgefahren 41, 42
Verstopfung 54
Vitaminzufuhr 33
Voliere 28

Wassernapf 30
Weichfutter 32

Yorkshire 1, 63

Zucht 42–47